うちの子もいじめられました

「いじめ不登校」から「脱出」まで150日間の記録

WAVE出版

わたしの「ふつう」と、
あなたの「ふつう」はちがう。
それを、わたしたちの「ふつう」にしよう。

平成28年度 愛知県人権啓発ポスターより

はじめに

内閣総理大臣の子も、文部科学省の官僚の子も、いじめの研究者の子も、いつでも誰もがいじめ被害に遭う可能性があります。在京のテレビ局に勤める記者として、いじめなど教育関係の取材もしてきた私の長男もいじめ被害を受けました。いじめによる負のインパクトがどれほど大きいのかを、初めて実感しました。

最悪の事態は避けられたので報道されていませんが、小学三年生の長男は自殺をほのめかしたこともありました。残念ながら、世の中には、そんないじめが山のようにあります。都会にも田舎にも、私立・公立を問わず、あちこちにある氷山の一角です。こうした「よくある」いじめ被害の詳細は、あまり表には出ません。

この話は、わが家を襲った突然の悲劇と、もがき苦しみながら必死に対応してきた家族の苦闘の記録です。

職業柄、なんでも事後すぐに詳細に記録してきたこともありますが、被害者の父として学校側と向き合った際などに、私は妻にも伝えず、スマートフォンのＩＣレコーダー機能を使って録音しました。場合によっては訴訟を起こさざるを得ないと考え、「言った・言わない」問題を防ごうとしたのです。また、私たちは学校に何度も手紙を書いてきました。それらの記録をもとに、この度、被害の経緯をまとめ、出版という形で公表することにしました。

改めていじめ問題の取材も始め、その対策の貧弱さも強く感じています。学校関係者や学者、官僚など複数の専門家にも接触しています。ある大学教授からは「小学校低学年のいじめ被害」と「いじめによる家族への二次被害」については、「研究材料が圧倒的に不足している」と聞きました。この出版が、いじめ研究の一助になればという気持ちもあります。

悩んだ末、私を含め、登場人物は全員仮名にしました。実名で書けば、私の覚悟はより伝わるのかもしれません。一方、実名では書けないエピソードも出てきます。

加害者や学校を実名で公表して関係者を糾弾することは、本書の目的ではありません。いじめは社会全体のもっと大きな視点から考えるべき課題だからです。今回は匿名にした上で、「いじめという実体」を、よりリアリティをもって伝えたいと考えました。

匿名は、私の家族を守るためでもあります。被害を受けた長男は、まだ小学生です。後遺症への不安もあります。例えば二十年後、立派な社会人になったと確信できたら、実名で書けるのかもしれません。しかし、それを待っていたら「いじめの今」を伝えられません。今、世の中で起こっているいじめを詳細に記し、多くの方と共有したいと考えました。それが被害者の親、ジャーナリスト、両方の立場で考えた結論です。

本文のほとんどは「親の視点」から書かれたものです。恥ずかしいことや反省することも多々あります。妻はなんとか出版を了承してくれましたが、「つらさが蘇るから」と、残された記録やこの本の原稿には一切目を通していません。妻は、長男がいじめで不登校になった小三時の成績表を破り捨てています。

かつて私たちがそうだったように、皆さんも自分の子や孫が、いじめ被害に遭わないようにと願っているはずです。またもし遭っても最悪の事態に陥らないよう、そして一日でも早く立ち直ってほしいと願っているはずです。

多くのいじめ被害の相談を受けてきたベテランのカウンセラーによると、長男のいじめは「極めて早いペースで回復した」異例のケースだそうです。偶然もあるのでしょうが、何がその理由になったのでしょうか。

改めて振り返ると、私たちの場合、先ほど述べた通り、経緯を詳しく記録した手紙を学校の担任と校長の双方の宛名で渡し続け、情報共有してもらった上で、対話を重ねられました。私たちも折々で経緯を振り返ることができ、学校側に「差し迫った危機感」を伝えられたと思います。昨今、学校とのコミュニケーションは「連絡帳を通して」などと言われがちですが、私たちにとっての「敷居の低さ」は妻がＰＴＡ会長を務めていたからかもしれません。そしてカウンセラーと多くの言葉を交わす中で様々な「気づき」もありました。それが対応のヒントになったこともあります。

いじめ被害は千差万別です。それでも、私たちのケースがどこかの部分で「子どもを守り抜く」ための参考になればと願っています。

目次

いじめの芽

　都心から電車で三十分、坂の多いその街には、私のような一般的なサラリーマン世帯の他に、主に二種類の人たちが住んでいました。

「カタカナ族」と「漢字族」です。「カタカナ族」とは、外資系企業やクリエイターなど。「漢字族」とは弁護士・医師・公認会計士、そして公務員です。

　郊外にある公立小学校と比べると、年齢が高めの共働き夫婦が多いのも特徴でした。少子化もあって子ども一人ひとりにかける思いが強く、教育熱心な親も目立っていました。習い事や塾通いも盛んでした。子どもたちのなんと半数以上が中学受験をします。

　私の名前は、鈴木真治。四十一歳です。都内のテレビ局で記者をしています。報道の社会部などで約二十年勤めてきた中で、いじめ自殺をきっかけにした教育関係の取材をしたこともあります。妻の美里は四十歳、この地域でこの年代では割と珍しい専業主婦です。私たちの間には、小学六年生の長女、香苗と、小学三年生の長男、幸太郎がいます。

　幸太郎が学校でいじめに遭っているとはっきりと認識したのは、小学三年生になってまだひと月も経っていない四月のことでした。

「学校に行きたくない」と、突然宣言したのです。

「うーん。うーん」。眠れないと言って、今夜も幸太郎が苦しんでいます。彼を苦しめているのは「いじめ」、そしてその傷によるトラウマ、さらにいじめを思い出すことによるフラッシュバックです。夜になるとそれらが一気に襲ってくるのです。

いじめの下地はどこにあったのでしょうか。

振り返ると、幸太郎が一年生のときの授業参観でびっくりすることがありました。当時の担任だった滝沢美保先生が、保護者が教室にいるのに、大きな声で子どもたちを怒鳴り散らしていたのです。

「噂には聞いていたけど、本当に怒鳴るんだね。最近の若い先生では珍しいんじゃないかな」と私が聞くと、「そうなのよ、びっくりしたでしょ」と美里は困った顔で答えました。

二年生でも滝沢先生が幸太郎の担任になりました。

幸太郎がいじめに繋がるような「いたずら」を受け始めたのは、思い返せば、この滝沢先生のもと。二年生の後半に入ってからでした。

「最近、幸太郎が、学校でなぜかよく物をなくしてくるのよね……」

美里は当時、私にそう話していました。幸太郎はというと、「不思議なんだよなぁ。俺のモノがなくなっているんだよ」とは言っていましたが、誰かに不信感を抱いている様子はなく、カラっとしていました。

私も「まあ俺の子だからな」などと軽く返していました。ところが、ある日、幸太郎が珍しく強い口調で訴えてきました。

「算数のノート、絶対あったのになくなったんだよ！」

学校にそう伝えると、数日後、算数ノートがロッカーの裏から出てきたのです。「紛失事件」は、誰かクラスメイトによる「いたずら」だったのです。

「疑ってごめんね」と、美里は幸太郎に謝りましたが、このとき、もっと真剣に学校側に相談しておくべきだったと反省しています。「ただのイタズラ」と済ませてはいけなかったのです。

美里が気軽に相談できなかったのには、訳があります。一つには、滝沢先生が「耳を貸してくれるタイプ」ではなかったこと。また学校に何でも文句を言うような「モンスター・ペアレンツ」にはなりたくなかったからです。

昨今の学校現場では、先生たちの多忙さが問題になっています。そうでなくても余裕のない先生たちの負担を増やしてはいけないと、遠慮してしまったのです。遠慮は、妻がＰＴＡ会長を経験していたこともありました。

でも、いじめは病気のがんと同じです。早期発見と早期解決が大事なのに、その芽を摘み取る大事なチャンスを逃してしまったのです。

それにしても、滝沢先生は、どうしてスパルタ教師のような、厳しい指導を続けていたのでしょうか？

後述しますが、今回のいじめ事件を受けて、学校は「いじめ報告書」を私たちに提出しました。

「きちんと反省してほしいから」と、私たちは文書で総括してほしいと依頼したのです。満足できる内容ではありませんでしたが、いじめを認めない学校が多い中、きちんと認め、文書まで提出するという対応は異例のことだと後で知りました。

その報告書には「いじめに至った最大の要因は、学校の対応の遅れ」とはっきりと書いてありました。例えば、幸太郎が二年生のときの状況は、次のように書かれています。


二年生のとき、このクラスでは「学習や活動に集中して取り組む子供たちを育てるために、興味・関心を高める教材・指導展開の工夫を大切にすること」「一人一人の子供に丁寧に向きあい、個に応じた目標を立てるとともに、自己有用感を高めること」を日々の教育活動を通して実現に努めてきた。

しかし、クラスに在籍する子どもの特性への指導が多岐にわたり、個への指導に費やす時間も多い現状があった。

子どもたちは、友だち同士で授業に向き合う姿勢などを注意し合うことが多く、「あの友だちがあんなことをしている」と先生に伝えたり、声に出したり、態度に示したりすることで、自分の立場を誇示するかのような場が時に見られた。

友だちへの注意や干渉に同調したり、自己主張が強く表れたりすることで、学級全体のざわつきにつながることも少なからずあった。

互いに言ったり言われたりする関係が見られる状況を、担任は学級の課題と受け止め、個々の子どもたちの特性を理解しようと努力し、一人一人に応じて言葉掛けをしたり、心に寄り添ったりもした。

一方で、子どもたちの「同調や干渉」を負のスパイラルに陥らせないためにも強く厳しい一方的な指導で子どもたちや学級全体を統率し、この状況を打破しようとすることもあった。

最近では、発達障害とみられる子どもたちへの学校での支援も充実してきましたが、十分ではないようです。すぐに席を立ってしまう多動的な子ども、学習が他の子どもたちと同じペースでできない子ども、人の話を集中して聞けない子どももいます。発達の凸凹です。

「子どもの特性への指導が多岐にわたり」とは、滝沢学級にも一筋縄ではいかない子どもたちが複数いたことを示しています。幸太郎も含まれているかもしれません。

指導の難しい子どもたちがいる中、滝沢先生はなんとか学級崩壊させないよう、厳しい指導を重ねていたという説明です。

滝沢学級では、一部の子どもが「ミニ先生」になって、授業中、先生の指示に従わない子どもを見つけては、「ダメだよ！」「何してんの！」と心がちくちくするような言葉を、浴びせていました。

「先生だってそういう言葉で指導しているし、いいでしょ？」

これが、ちくちく言葉を発する子どもたちの本音でしょう。幸太郎は、発達障害と診断されてはいませんが、とにかく「のんびり・マイペース型」の子どもです。なかなか皆と同じように行動できず、厳しい怒声や指摘を浴びる側だったのです。

こうした中で「モノ隠し」が起きました。「ダメな幸太郎に、お仕置きをしてやろう」「のんびり屋の幸太郎なら怒らないだろう。イタズラとしても面白いし」……。

最初はそんな感覚だったのでしょう。何しろ子どものやることです。「いじめ」という明確な意識は、なかったと思われます。


幸太郎は三年生になりました。一～二年生の担任の滝沢先生は、他校へ異動しました。

次に幸太郎のクラスの担任になったのは、まだ先生になったばかりの二十代前半、野村信也先生でした。

今度は滝沢先生とはまったく逆のタイプ、とっても優しそうです。

「優しそうだし、大丈夫じゃない？」

滝沢先生を恐れていた保護者たちは、最初の保護者会でこう噂し合い、ホッとしていました。

ところが当初から、とんでもない事態に陥ってしまったのです。

いじめ報告書には、学級編制直後、三年一組の四月の状況について次のように書かれています。

三年生はクラス替えを経て、新しい仲間との生活を迎えた。これまでつくりあげた人間関係や担任も変わり、子どもたちは新しい学年への期待と不安を抱いていたと考えられる。

一般的にも四月当初は、人間関係や力関係、担任との関係性を探って不安定な様子を見せる子どもも少なくない。

そうした中、次第に幸太郎さんを強く注意する状況や、からかう言動が生まれた。学校は、こうした友だちへの強い注意やからかいを早い段階で発見・軌道修正できなかった。

クラス全体が「人を傷つけている」という認識に立ち返ることができず、複数名の友だちがからかいの輪に入るようになった。ざわつきの中で何が起こっているのか、詳細が分からないまま過ごしていた児童もいた。


注意から強い注意、そして「からかい」へ。からかいは一気に「いじめ」へと繋がっていきました。学校は、いじめへの負のスパイラルを食い止められませんでした。

どんないじめでも、最初は「ひと言」から始まります。そこにどうアンテナを立てて、早期発見・早期対応できるかが大事なのに、学校はまったくキャッチできませんでした。

いじめ報告書には、子どもたちへの聞き取りの結果、次のような幸太郎への「からかい」があったことを認めています。

・幸太郎さんの行動を責めたり、からかったりする言動があった。
・「くさい」などの言葉によるからかいがあった。
・「くさい」などの言動が多くの友だちに広がっていった。
・音楽や図工の教室移動の際、言葉でのからかいを数名の子どもたちが行った。
・給食中に意識的に机を離す子がいた。
・幸太郎さんを避けるようなしぐさを見せる子がいた。

幸太郎は、これらに強く反発できず、からかいは続きました。学校が最初に行った指導は、記録の上では、四月十四日です。学校の報告書より。

給食グループの児童が中心になり、着席が遅い、ランチョンマットを敷かない、ヨーグルトを口で開けたなどについて幸太郎さんを責めた。

学級補助に入った養護・専科教諭が対応し、友達を責める言葉や態度などについて厳しく指導を行った。

しかし、この「厳しい指導」もむなしく、いじめは続きました。

発覚

四月十八日、月曜日。学校から帰ってきた幸太郎がついに口を開きました。

「もうだめだ。あいつも言ってきた」

悪口を何人からも言われているという「いじめ」の告白でした。

美里は、その場で学校に電話、翌日すぐに担任の野村先生に面会し、悩んでいることをはっきりと伝えました。

それでも状況は変わりませんでした。

四月二十一日、木曜日。美里は「連絡帳」にこう書きました。大野耕平くんや佐藤祥子さんは、いじめの中心人物です。

　昨日も下校後、幸太郎は大野くんや佐藤さんについて話し、泣きました。大野耕平くんから始まり佐藤祥子さんが加わるようです。そんな大野くんも、大人の前ではすぐに良い子になってしまうそうです。

　だから「私が学校に見に行こうか?」と言っても、「耕平くんはママにもお腹にパンチをするのでは……」と思いつめて断ります。一度、幸太郎の話をよく聞いていただけたら幸いです。

お時間のあるときに（早い方が良いのですが）、お願いします。

幸太郎にも「自分が変わったら、周りの人に尊敬されること」「人を助ければ人も助けてくれること」「折れない心」などを話しましたが、泣いてしまいます。

めったにそういうことはないので、少し心配です。よろしくお願いします。


しかし、幸太郎はこの日、連絡帳を担任に渡しませんでした。その代わり、自ら保健室を訪れ、いじめを告白したのです。


四月二十二日、金曜日。幸太郎は初めて学校を欠席しました。

幸太郎は「一日でもあの班の人たちから離れたい」と言って学校を休みたいと言いました。

美里はその旨を連絡帳に書いて、姉の香苗に託しました。

夕方、香苗が連絡帳を持ち帰ってくると、そこには担任の野村先生からの返信がありました。


幸太郎くんをここまで思いつめさせてしまって申し訳ありません。

月曜には席替えできるよう、用意しておきますので、幸太郎くんにも伝えてもらえると助かります。席替え後も、しっかり見ていきます。

四月二十六日、火曜日。この日は遠足でした。自然が好きな幸太郎は、遠足を楽しみにしていましたが、登校を渋りました。美里から「席替えもしてくれるって」と言われて、結局は行きました。ところが、遠足の途中でもいじめが発生。複数の同級生から「くさい」と言われたのです。美里は再び野村先生と面会。同じ日に、高橋正代校長と後藤寛子副校長にも面会しました。校長らからは「幸太郎くんはSOSを発することをためらい、内にため込んでしまっているのかもしれません。ぜひSOSを発するようにしてください」とアドバイスを受けました。

四月二十七日。この日も幸太郎は、欠席。校長からのアドバイスを幸太郎に伝えた後、美里は学校へ手紙を書きました。

私たちは、学校の幹部らが情報を共有してほしいと思っていましたので、できるだけ文書にして報告していました。

アドバイスを受けて幸太郎に今後はきちんとSOSを発するように話しました。

これまでは「何を言われてもシーンとして反応しなければ、相手はさらに意地悪するかもしれないけれど、いつか収まるのでは？　相手に変わってもらうことはできないから、自分が大人になって変わる方がよい」と話してきましたが、それを撤回しました。「困ったら、遠慮せずにSOSを発するように。大声で騒いでもいいから、周りの大人に気づいていただけるようにしないと、つらい状況を分かっていただけないよ」と伝えました。

するとﾞ、幸太郎は目を丸くして、「そうするとみんなが困っちゃうよ」と申しました。

授業に差し支えがでたり、騒ぎになったりすることを心配しているのです。また自分が言うことで「その子が先生に怒られてしまう。かわいそうだ」とも言っていました。

それでも私が「ある女の子は、本当に嫌な気持ちを大きい声で『やめて！』と言ったら、周りの子たちも、その子の本気を感じて、シーンとなったんだってね」と伝えると、「分かった。だけど、それを先生に伝えておいてくれないと『授業中になんだ!?』となってしまうよ。だから、ちゃんと伝えておいてほしい」と真剣に訴えます。

幸太郎は勇気をだして、自制心を振り切って、今後、授業中でも大声を出して周りに迷惑な状況をつくるかもしれません。どうかそのときは、その解決が学級にとって何よりも大切なタイミングだと捉えていただき、心の叫びに対応していただけますよう心よりお願いいたします。

幸太郎は昨夜も、寝る前、「世の中に僕だけを守ってくれる人はいないよね……」と膝に顔を埋めて毛布を被って申しました。かなりの孤独感を感じています。

「一緒にずっといてほしい」というので、眠るまでそばにいました。明日も学校は行きたくない、とも言っていましたが、その場合は無理に登校させずに、このお手紙をお届けします。

現在の孤独感で、クラスでの一日を乗り切ることは、過酷で難しいと思います。

手紙を受けて、クラスでは話し合いの時間をつくり、幸太郎の受け入れ体制を整えようとしました。

まず野村先生が幸太郎の欠席理由を三年一組の子どもたちに告げました。次いで、いじめは絶対にいけないことを、野村先生だけでなく副校長からも学級全体に指導しました。

子どもたちからは、「幸太郎さんが困っていたら助けてあげたい」「いつも笑っていたから、幸太郎さんがこんなにつらい思いをしているなんて知らなかった」「謝りたい」などの意見が出たそうです。

そして中心的にからかいを行った子どもたちへの個別指導もその後ありました。それぞれの家庭にも、電話で状況を伝える連絡をしたそうです。

翌日の二十八日、どのような個別指導を行ってくれたのか、再び幸太郎が登校しても大丈夫な環境が整っているのかを知りたくて、美里は校長を訪ねました。

すると、校長からは次のような報告がありました。

きょう、大野くん・清田くん・安岡くん・佐藤さん、いじめの中心にいた四人に校長室に来てもらいました。野村先生も一緒です。

野村先生から「幸太郎くんに君たちから何か嫌なことを言ったの?」と聞くと、「大野くんが

『くさい』と言ったのですが一緒になってふざけて僕も言いました」と清田くんが言いました。

「幸太郎くんは、いつもと変わりません。本当は臭くないけど、一緒になってふざけました」

という子もいました。

「一回は汗くさいと思ったことはあったけど、一緒になって僕も言っちゃった」という声も。

これからは、ちゃんと注意していきます。

いじめの芽があったら、ちゃんと摘んでいかなくてはなりません。

最近もクラスでは、誰かのちょっとしたミスをからかうようなことがあったんです。それに対しても「笑ってはいけません」と厳しく伝えました。

「言ってはいけない言葉があるし、それをみんなと楽しんではいけない」と指導しました。

子どもたちは「分かった」と言っていましたが、長く見ていかないといけないと思います。

もしかしたら一年生のときからいじめはあったのかもしれません。子どもたちの心を時間をかけて耕したいと思います。

謝罪

四月二十九日、金曜日。いじめの中心にいた四人の子どもとその両親に対する校長からの注意を受け、三人の親はその日のうちに連絡をくれて、わが家に謝罪に来ました。

どんな謝罪だったのか、美里は学校へ手紙を書いています。

午前中に安岡くん母子、清田くん母子が一緒に、午後に佐藤さん父子が自宅へ来ました。仕事に行くのを遅らせた主人と、私が応対しました。幸太郎は「出たくない」と、玄関での話が聞こえる近くの部屋から、カギをかけて話を聞いていました。

ご両親たちは「幸太郎くんに謝りたい」と言ってくださいましたが、幸太郎は出てこられない状態だとお伝えすると「本当に申し訳ありませんでした」と謝られ、続けて促されてお子さんたちも、二言三言、子どもが叱られて謝るときの弱々しい言葉で謝罪しました。

皆さんには、以下のようにお話させていただきました。

(お子さんたちに)

今日は来てくれてありがとう。幸太郎はまだ「悪いことをしたから謝りたい」という言葉を聞いても、すぐに信じて許すことはできないと思っています。それくらい深く傷ついてしまっているのね。だからその気持ちが本当なら、これから長い時間をかけて、本当だということを示して、幸太郎が信じられるようにしてほしいです。

人を深く傷つけるということは、周りの人、自分のお父さんやお母さんなどご家族もたくさん傷つけるし、最後はあなたが一番傷つくんだよ。

いじめってわかる? いじめている人が気がつかなくても、いじめられた人が、外に行けなくなったり、ひどいときには自分の命を絶ってしまったりするんだよ。いじめた人は警察につかまってしまうこともある。

今回のことがそうだと言っているわけではないよ。いじめってそんなふうに怖いことです。場合によっては元に戻ることのできない本当にひどいことになってしまうの。そんなことは絶対あってはならない恐ろしいことです。

今回のことをきっかけに、人や自分の大切な命を傷つけない、もともと持っている、きれいな心を育てよう。

人は弱いものだけど、今回、君たちは弱い自分に勝って、本当の強い自分にならなければいけないことを知るときだと思います。

私たち両親は、幸太郎はいじめに負けそうになった弱い子どもではなく、クラスのみんながいじめに加わっていく中でそれは間違いだということを示した強い子どもだと思っています。

(お子さんたちに主人から)

今日、勇気をもってここに来てくれたんだから、これからは勇気をもっていじめをしないで欲しい。いじめをする人がいたら、勇気をもって止めて欲しい。みんなでいいクラスを作って欲しいんだ。よろしくお願いしますね。

(親御さんたちに)

次に、お子さんたちには玄関の外で待っていてもらい、親御さんだけにもお話ししました。

お子さんたちにとても厳しいことをお話しました。申し訳ありません。

中心になっているのは、大野くんと佐藤さんと安岡くんと清田くんです。そして周りの人たちにまで広がっていき、他の学年まで広がるという、幸太郎にとって救いようのない状態になりつつあるの。中心となっているお子さんたちの行動をすぐに改善できるかどうかは、簡単ではなく、長い時間をかけて対応していく必要があると、学校も私たちも認識しています。

大野くんや佐藤さんがいじめを止められず、また始めてしまうと、二人は影響力が強い子たちなので、学校がそれを抑えきれるかどうか。安岡くんや清田くんにはその「いじめの輪」にまた加わらないように、長い時間をかけて見守っていただきたいです。

幸太郎は今、致命傷の一歩手前です。今朝は風の音にすらおびえていました。地域で一緒に大きくなっていく子どもたちが、救うことのできないほど危険なことにならないように、今のうちにしっかりと芽を摘みたいです。

いじめは大人の見ていないところで起こるでしょ。学校には今回こちらから強く働きかけて、そこから誠意をもって、動いてくれています。

学校、特に着任して間もない、担任の野村先生だけにお願いするのではなく、家庭でもしっかり見ていただきたいです。

この問題は、一年生二年生と積み上げてきちゃった「負の課題」の噴出のよう。幸太郎もいつ加害者になるかわからないよ。私たちも見守っていきたいと思っています。

大きなピンチだけど、大きなチャンスだとも思っています。一緒に大きくなりたいから……。

午後にいらした佐藤祥子さんのお父様には、「祥子さんはどんなお子さんですか？　何か寂しい思いをされていることや、ストレスを感じていることはありませんか？」と、そっとお尋ねしました。

すると「イライラすることはたまにあるかもしれないけれど、思い当たることはない」と消沈して、困惑していました。

「人を貶めるようなことをしてしまったことを聞き、本当に胸が苦しい。申し訳ない。厳しくしつけていくつもり」とおっしゃいました。

「何も知らなかった。何でもしますのでおっしゃってください」と、こちらが申し訳なくなるほど消沈したご様子でした。

安岡くんのお母様からは「今日これから校庭開放で幸太郎くんと一緒に遊んでもらえませんか？」と言われましたが、そのような状態ではないことを伝えました。

清田くんのお母様は、子どもの持つ特性について、目に涙を浮かべながら話してくださいました。お母様も困っている様子でした。

話が済み、「お帰りになったよ」と幸太郎に伝えると、鍵をあけて部屋から出てきました。

安岡くんと清田くん親子が玄関にいるときには幸太郎は悔しがって「ドンっ」と、ドアを叩き音を立てました。『このときをおぼえていろよ！』と出ていって叫びたかったけど、できなかったから、ドアを叩くだけにしたんだ」と話しました。

私が「お母さんたちは分かって下さっているようだった。子どもたちは、幸太郎の言う通り、分かってくれているのか、分からないね。でもお母さんたちは泣いていたよ。困っているみたいだった。助けてあげることができるかもしれないね」と言いました。

幸太郎は真剣な顔で小さくうなずき、「お母さんたちはいい人そうだね。でもお母さんたちが謝っても、子どもが言わなくちゃ。お母さんは全然悪くないし。なんで謝るのか分からない」とも言いました。

私が「もしかすると清田くんは少し助けが必要なのかもしれないね」と重ねて言うと、「うん。そう感じることが今までも時々あった」と言いました。清田くんには、一年生のときから嫌なことを時々言われたと、思い出すように話しました。

佐藤祥子さん親子が帰られたときは、お父様の大変真摯でうなだれていらっしゃるご様子に「あんなことを言ってしまってよかったのか」と胸が苦しくなりました。

幸太郎にもう一度確かめようと思い、おやつを食べているときにいじめの状況を聞きました。やはりこれまでと同じことを話しました。

一～二年生のとき、佐藤さんがどうだったのかも聞きました。

「う～ん……、佐藤さんの前にも、強い感じで僕に注意してくる人たちがいたけど、佐藤さんがひどいことを言うようになったのは三年生になってから。注意だけじゃなくて、間違っていることを強く言う人になってしまった。なんでかなぁ……。それでみんなで言う状態になる。みんなに嫌なことを言われると、舌を手で引きちぎられるような感じがするんだよ。それを毎日やられるんだ……」

こう話しているうちに「もうこの話をするの疲れた。つらい」と苦しそうに頭を押さえたので、話を終わりにしました。

「ママは今、人を傷つけても、その人に直って欲しいと思ってつらいことも伝えているの。でも、もし間違ったことを言うと、また別の傷を相手の人につけてしまうでしょ。だから確かめたんだよ。ごめんね」と話しました。幸太郎は真剣に聞いて、頷いていました。

謝罪に来た子どもたちに、私は一瞬、怒鳴って怒りをぶつけたいという衝動にかられました。それでも幸太郎も耐えていたので、我慢してしまったのです。

しかし謝罪の後、すぐに出勤した私が学校の前を通りかかると、校庭で笑顔で遊んでいる二人の子どもをたまたま見つけました。

「やっぱり一度は大声で怒鳴って、恐怖を与えておいた方が二人のためにも良かったのではないか……」

笑顔とは程遠い幸太郎を思い、私は一人、猛省していました。

幸太郎は彼らに手紙を書きました。

いつも何でいじめをするの?
何をかんがえているのかをしりたい。
ぼくはつらくて学校にまだいきたくないです。
何をいまからするのですか?　いつも学校にいきたくなくてこまっている。
ぼく何かしました?　すごくいやだから、やめろ。
ほんとうに、はんせいしている?　してないよね。
おてがみにはいいこと書いてあるけど、ほんとうのきもちがつたわりません。
しょうじき、いまのところきみはわるいやつです。

そして手紙の裏にも大きな字でこう書き加えました。

やめろ　やめて　やめて　やめて　やめて　やめろ
やめろ　やめろ　やめろ　やめて　やめなさい　やめろ　やめて

後遺症

学校に通えなくなった幸太郎は、最初は家でただボーっとしていました。

そういえば、いじめが表面化する前の数カ月も、登校前になるとボーっとしている時間がありました。

姉の香苗はいつも朝早く、張り切って出かけていくのに、どうして幸太郎はこうのんびりしているのかとは思っていましたが、美里は「男女の差よね」と考えていました。でも今思えば、幸太郎はギリギリまで安心できる家でのんびりしていたかったのです。いじめの現場である学校には行きたくなかったのです。

実際に「これから大変な場所に行くから、その前にたくさんリラックスしておきたかったんだ。ここがたった一つの安全地帯だから」と後で振り返っていました。

ああ、その頃からすでにいじめられていたのか……。ずっと気づけなかった自分が情けない、と私は悔しくて仕方ありませんでした。

幸太郎へのいじめは、当初「くさい」という言葉による心への攻撃でした。

確かに幸太郎は汗っかきです。しかも、わが家の方針でゲームをさせないこともあって、毎日のように土と汗まみれになって夢中でカブトムシやクワガタを探すような、自然が大好きな子どもでした。

「くさい」と言われないようにするには、どうすればいいのか。

学校に通えなくなってしばらくしたある日の夜、私はお風呂場で、ひたすら体を洗い続ける幸太郎の姿を目にしてショックを受けました。

「一〇〇回ずつ洗うんだ……」

少しはにかんだような笑顔を見せながら、何度も何度も石鹸をつけたタオルをゴシゴシと体にこすりつけていました。洗いすぎて、肌が赤くなっていたほどです。


いじめ中心者の親子たちがわが家に謝罪に訪れた日も、幸太郎は寝る前、不安そうに美里に抱きついていました。

「ねえ。はじめより少しおちたかなあ?」と聞くので、なんのことかと美里が尋ねると「大ピンチのときよりは……」と幸太郎が言います。

ああ、ピンチの度合いが低下したかどうかということかと思い、美里はこう励ましました。

「大ピンチは脱したと思うよ。今日、いじめの中心だった四組のうち三組が来て、お母さんたちの気持ちが分かったし、子どもたちの反省している様子も見られたからね。こういうのを『状況が分かってきた』って言うんだよ。分からないのが一番不安で怖いからね」

「じゃあ『中ピンチ』か……。でも大丈夫かなぁ」と複雑そうな眼差しを美里に向けます。

「でも、ママはすぐに『もう安心』とか『もう大丈夫』とか言わないから、安心して。幸ちゃんの気持ちと同じだから。いっしょに進んでいくからね。でも、少しずつ進んでいるのは確かだと思うよ」

こう言って安心させると幸太郎は一度ベッドに入りましたが、眠れずにまた起きてリビングにやって来ました。

「一緒に寝て……。ママが寝るまで幸くんここにいる」

パソコンに向かおうとする美里の横の床の上で丸くなってしまったので、「じゃあ一緒に行こう」と美里もベッドに入って少し添い寝をすると、ようやく寝つきました。

気分転換

四月三十日。謝罪を受けた翌日の土曜日から一泊二日、奥多摩に幸太郎の好きな野鳥観察をしに家族みんなで出かけることにしました。

精神的にも疲れていて、数日間だけでも、いじめから少し頭を離そうと思いました。

朝、家族四人の食卓で、幸太郎が切り出しました。

「突然話を変えて悪いんだけど、あの人たちはたぶん警察に行くことになると思うよ。また同じことをやると思う」

「そうだよね。そう思っているよね……。昨日、謝りに来た様子をみると、あの子たちは困って

いるとも思う。あの子たちのためにも、直すことが必要だよね」と美里が返すと、

「俺はそれを手伝っているのかなぁ。はっきり言って、手伝わされているんだよ！」

姉の香苗も同情して「許可なくね」と言うと、さらに幸太郎は声を大きくします。

「手伝いたくもないのに！　ひどすぎるよ！」

私たちも気持ちを軽くしてあげようとして、これに同調しました。

「うん、そうだよ。そうだよね」

「まっぴらごめん、ってとこだよね。ホントは」

「えらいよ。幸ちゃんは、ホントに」

「悪い人たちが直る可能性は、れいてんじゅっパーセントくらいあるね。でも大野くんだけは直らない気がする」

可能性が極めて低いと言いたかったのでしょうが、誤った表現でした。それは正さずに聞いてみました。

「どうしたらいいんだろうね。長い時間をかけて、少しずつ直すことができるかな。周りの人たちがみんなで協力して、包囲網を作るとかね……」

幸太郎の案はこうです。

「それか、一回ものすごく優しくしてみるとか……」

「そうだね。『北風と太陽』のお話みたいにね」

「いや、やっぱり、どれもダメそうだよ」

考えるとつらくなって、幸太郎は頭を抱えてしまいました。

「今、やっと状況が分かった、と言うところだよね……」

家族でなんとか励ましたところで、予定していた出発時間になったので、話を切り上げて家を出ました。

幸太郎は近くの駅までの道のりで、ビクビクすることがありました。野球チームの小学生に会ったときです。誰かに会うと嫌だからと、いつもとは違う遠回りのルートで駅まで行きました。途中、何度も美里の手を繋ぎかけましたが、誰かに見つかるとからかわれると思って、そのたびに慌てて手を引っ込めました。

ゴールデンウィークでしたから、電車の移動中は元気そうな子どもたちの集団に出会います。幸太郎は、こうした小学生の男子の集団を見ると、緊張していました。また、他の家族が楽しそうにしている様子を見ると、気後れしてしまいます。

それだけではありません。私が香苗とちょっと楽しそうに話すのを見ただけで、疎外感を感じるようです。

「入れてくれない」「入れてくれない」……。仲間に入れてくれないと何度も美里に訴えたのです。

二時間ほど電車に乗って、ようやく奥多摩の小さな民宿に着きました。いいところです。スカッと天高く晴れていて陽気も最高でした。普段なら素敵な家族旅行になったはずですが、どこか緊張していなければなりません。

夕方、まだ明るい中、まずはお風呂に入ることにしました。ちょうど他のお客さんがいないようで「ご家族で入って鍵をかけてもいいですよ」という宿のご主人の言葉に甘えて、家族みんなでお風呂に入ることにしました。

お風呂で声を響かせて歌うことが好きな私が、幸太郎のお気に入りの歌を大声で歌ってみました。普段なら喜んで幸太郎も乗ってきて、一緒に声を出すのですが、この日は歌わず、美里に確かめるような視線を投げかけてきます。

今度は美里が「カエルの歌が……」と歌い始め、ワンフレーズ待ったところで香苗もそれに続きました。

「はい！　次、幸ちゃん！」と声をかけると、「カエル……」とだけ絞り出すようにして歌いましたが、すぐにやめてしまいました。

一人で黙って体を洗い始めましたが、今度は途中で目を押さえ、顔を膝につけ、力をなくしてしまったようになります。もう一度、洗い始めますが、また同じことの繰り返しです。美里が背中をさすってあげました。

「大丈夫？　みんなが楽しく盛り上がるのがつらいんだよね。大丈夫だよ。わかっているよ」

「大丈夫……」

かすれた声で幸太郎がなんとか答えましたが、もちろん元気はありません。

翌朝、幸太郎の好きな鳥を探しに、山登りに出かけました。幸太郎の好きなのはカワセミです。きれいな青色の小さな野鳥です。奥多摩に来たのはカワセミが見たかったからなので、山登りは嫌がりませんでした。

結局カワセミには出会えませんでしたが、たくさんの野鳥に出会えました。キビタキもいました。最近買ってあげたＤＶＤつきの野鳥図鑑のおかげでしょうか。鳴き声を聞いては次々と、聞いたこともない野鳥の名前をあげて双眼鏡を向けていきます。

山道にある売店では、立派な般若のお面を見つけました。あまりにも立派だったので、美里が「何か嫌なことがあったら、あんな般若さまが出てきて、コラ！　って言ってくれるのかな？」と幸太郎に話しかけると、「でも、ぼくがつらい目に遭っているとき、般若さまは出てきてくれなかったよ」といじめのことを振り返っていました。

野仏には、家族で横に並んでお賽銭をあげました。手を合わせているとき、幸太郎が呟いている言葉を私は聞き逃しませんでした。

「学校で困っていることがあります。助けて下さい」

幸太郎だけではありません。いじめが発覚して以降、姉の香苗もつらい思いをしています。こちらも六年生とはいえ、まだ小学生です。

気分転換にと出かけた旅でしたし、少しでも楽しませてあげたいと、私は香苗と二人でふざけ合うこともありました。楽しい雰囲気も作れるかなと思ったのです。

しかし幸太郎は、家族でも自分以外の人の楽しそうな場面に遭遇すると、気後れしてしまいました。楽しい雰囲気にはなれない様子でした。

幸太郎の心の傷が深いことを改めて感じ、旅行中、私も美里も何度も胸が痛くなりました。

いじめ中心者

旅を終えると、美里は学校に次のように伝えました。

●いじめの中心となった四人に改めて指導し、彼らがどんな自覚を持っているのかを把握して、教えていただきたい。先日のわが家への訪問謝罪の様子だけでは、彼らがどう理解しているのか何も分からない。

●いじめに加わっていた他の十名近くの子どもたちには、「幸太郎に何か嫌なことをしたか？」を確認してもらった上で指導し、やはりその様子を教えていただきたい。

●その上で、幸太郎が「学校に行きたい」「行ってみる」と自ら言い出さない限り、促す形での登校は避けた方がいいのではないか。

この頃、幸太郎は、学校の全校朝会でも、いじめの詳しい状況を校長先生から話してもらった方がいいと考えていました。

というのも、いつも高橋校長が「この小学校の子どもたちはみんな思いやりがあって、いい子たちですね」と褒めるのですが、今回は逆のことがあったと真剣に話してもらった方がいいと感じたようです。

実際には「いい子たち」といっても個性の強いいろいろな人がいて、「思いやりのある人はクラスにはあまりいないんだよ……」と幸太郎は言うのです。

また「校長先生は僕の名前も言って下さるかな」と言うので、「えっ、言っても大丈夫なの?!」と美里が聞くと、「うん。そうすれば、嫌なことをする人たちが『やばい』って思うでしょ」と。

横で聞いていた香苗が慌てて「でも私はどうしたらいいの? いろんな人に聞かれたとき、どう答えればいいの?」と心配そうです。すると「堂々と本当のことを言ってほしいんだよ。俺がこんなに困っているんだからさ!」と返します。香苗は黙ってしまいました。


五月二日、午後二時半。担任の野村先生がわが家へやってきました。

初めての訪問でしたので、幸太郎は家の様子を見せることから始めました。私たちも、こうした機会を通して「ああ、野村先生は本当に自分のことを分かってくれる。そして守ってくれる。信用できる人だ」と幸太郎が安心し、再登校に繋がることを祈っていました。

幸太郎は野村先生に、カメラを取り出して旅先の写真や飼っているカブトムシを見せたり、昆虫のＤＶＤを一緒に見てもらったりしました。野村先生も自然が好きなようで、緊張が解けていく様子が分かりました。

突然、幸太郎が独り言のように呟きました。

「先生に会ってみて、まあよかったかな、みたいな感じ。すごく良かったというわけではないけど。長く会わないと、もうずっと会えなくなるような気もするし」

美里はびっくりしましたが、野村先生も「そう言ってくれて嬉しいよ」と応じていました。

最後に、幸太郎には別の部屋に入ってもらい、私たちだけでいじめていた子どもたちの最近の様子を聞きました。

野村先生が、いじめ中心者たち四人を呼び出したところ、「後悔している」とすぐに反省の弁を述べた子どもは二人だけだったそうです。他の二人は、というと……。

大野耕平くんに野村先生が「どんな気持ちなの？」と聞くと「大丈夫」と。「気分は？」には、「ふつう」と答えたと言います。それでも「幸太郎くんが学校に来たら、いじめ、またやっちゃいそう？」と聞くと「やらない」と約束してくれました。

佐藤祥子さんにも先生が「どう？」と聞くと、「そんな急に言われても」との反応だったそうです。

野村先生がこの学級を受け持つ際、佐藤さんについて「言葉が強いところはあるけれど、しっかり者のお姉ちゃん」と聞いていたそうです。いじめに関する情報はありませんでした。しっかり者のお姉ちゃんが、幸太郎を「指導」し続ける中心にいて、いじめとなって広がっていったのです。

四人以外のいじめに加わっていた子どもたちの様子も聞きました。反省して、幸太郎に手紙を書こうと提案をしてくれた子どももいたそうです。

野村先生の家庭訪問は二時間くらいになりました。最後は先生から「しっかり守るからね」という言葉をもらいましたが、いじめの中心にいた子どもたちの様子を聞くと、幸太郎が安心して再び登校できるような状況ではありませんでした。


ゴールデンウィーク中に香苗の希望も叶えてやりたいと思い、彼女が見つけてきた相模原の遊園地に、美里は子どもたちとの一泊旅行を計画しました。

旅の前夜になって、幸太郎が「ねえ、明日行くところ、楽しいかなあ」と話しかけてきました。思わずイラっとした美里は強い調子でこう言いました。

「お姉ちゃんは幸太郎が行きたいって言った奥多摩に、何も言わずに一緒に行って楽しんだんだよ。いつでも幸太郎の気持ちにみんなが寄り添ってくれると思ったら間違いだよ！」

幸太郎が何か言おうとしたのを遮って、美里は「お風呂を洗ってきなさい」と行かせました。するとと幸太郎は泣いて戻ってきて「でも、でも……」と言いました。

美里はそれでハっと気づきました。幸太郎は、子どもがたくさんいる遊園地のようなところには行きたくないのです。しかも行こうとしていた遊園地は体験型で、押し合いへし合いして遊ぶところでした。

「そっか。子どもがたくさんいる遊園地には行きたくないんだね。ごめんね！　本当にごめん。気がつかなかったよ」

美里の謝罪を受けて幸太郎はワッと泣き、「でも、お姉ちゃんが楽しみにしているから行くよ。行くよ」と言って崩れました。茫然としていた香苗も、泣き崩れる幸太郎を抱きしめました。

美里と香苗が幸太郎に詫びて、少し落ち着いたところで私は声をかけました。

「こんなに近くにいて、幸太郎のことを心から思っている家族でさえ、こういうふうに気がつけないことがあるんだよ。だから思っていることがあったら、遠慮せずに言って伝える努力をした方がいいよ」

特に多くの子どもを平等に考えなければならない先生には、自分の気持ちに気づいてもらうのを待っているだけでは、伝わらないこともあると話しました。

最後は、とにかく相模湖まで行ってみよう。行ってから、どうするのかはそのときに考えよう、ということにして就寝しました。

五月三日。仕事の私を除く三人で相模湖に行きました。美里は顔色の悪い幸太郎を連れて電車に乗り、相模湖駅で降りて遊園地行きのバスに乗りました。バスを降りると、幸太郎は「こんなの、なんてことないや。行ってやろうじゃねえか」と気持ちを切り替えました。

遊園地にはたくさんの親子連れがいました。最初のアトラクションで、長い列に並ばずに何度も横入りする女の子に遭遇しました。三人の目の前で一回横入りし、その次も「あ〜面白かった。もう一回乗ろっと！」と横入りしようとしたので、美里ははっきりと目線を合わせて「横入りしちゃだめだよ。ズルしちゃ駄目。ちゃんと並んで」と言いました。しかし、言うことを聞かず、またしても「横入り」です。

一部始終を見ていた幸太郎に、美里は「自分では何も悪いことをしていないつもりで、ああいうふうにズルをして、ケロッとしている人っているよね。そういう子には、周りの大人がビシッと言ってあげないとダメだね」と声をかけると、「うん」と真剣にうなずいていました。

その後も、いつもなら子どもたち二人だけで遊びに行かせるところを、美里もずっとついて回りました。遊園地の目玉であるアスレチックでは、途中、大きなボールでぎゅうぎゅう押し合うアトラクションで香苗の手から静電気が幸太郎に伝わり、それに驚いてパニック状態になりました。普段はパニックになることはまったくありません。いじめの影響だと美里は感じました。

普段から幸太郎は「ひどいことをされるときは、舌をちぎられるようだ」とか、「はっぺたにビシッと痛いボールがとんでくる」などと言っていたからです。

幸太郎はしばらく美里の手を離さずにいましたが、また夢中になってアスレチックで遊び始めました。

母の祈り

五月五日、子どもの日。休みをとった私は、幸太郎と二人で散髪に行きました。

夕方、明日の学校の用意をする香苗の様子を見ていた幸太郎に「明日、学校どうする？」と美里が聞くと「行かない」と言ったので、「いいよ」と答えました。

「じゃあ、家で勉強しようね。明日学校へ行って、様子を先生に聞いてくるね。それを確かめた上で、じゃあ月曜日になったら学校へ行く？」と聞くと「うん、行くよ」と。私は「あんまり間があくと、今度行くのが恥ずかしくなっちゃうからね」と幸太郎に声をかけました。

月曜日に登校しよう。幸太郎は先日から決めていたようです。学校は、その際、どんな段取りで、幸太郎の安心できる安全な状態を作ってくれるのでしょうか。例えば登校はどうでしょうか。美里がついての登校は、新たな「からかい」の原因になるかもしれません。万全の体制が欲しいのですが、一方で、特別扱いはしてほしくない、とも幸太郎は言っていました。

その日の夜、やはり幸太郎は美里にくっつかないと寝つけませんでした。姉の香苗にもいろいろな思いがあり、二人とも美里に抱きついて寝ました。

未だ、家族にとって、楽観できない状態が続いていました。

五月六日、金曜日。わが家にとっては地獄のようなゴールデンウィークが間もなく明けます。

ゴールデンウィークを目の前にして発覚したいじめ。そして不登校。「黄金」とはほど遠く、「真っ暗」な一週間でした。正直な気持ちはこうです。

「わが子をいじめた子どもたちは、どんなゴールデンウィークの休日を過ごしているのだろうか。きっと楽しい休日を予定通り過ごしているに違いない。ふざけんな！」

いじめが発覚して以降、美里には相当なストレスがかかっていました。

それでも、学校に報告すべきことをよく考え、早急に的確に対応してほしいと願い、この日も遅くまでパソコンにむかいました。

校長と副校長に宛てた手紙には、次のように書きました。

一年生、二年生のときの担任の滝沢美保先生について、やはりお伝えさせていただくことが必要だと決心しました。

一年生の途中、先生がある子の机の脚を蹴って叱ったのを見て、クラスの女の子がお母様にお話し、当時ＰＴＡ会長だった私に相談がありました。私は滝沢先生の良いところについてお話し、「先生も子どもたちも親も一緒に成長していいクラスになるようにしたいね」と話しました。

当時の校長先生にそのお母様と私からそれぞれ面談を申し入れ、ご指導をお願いしました。

二年生のある日、私が保護者たちによる朝の読み聞かせの当番でした。学校に指定時刻に行き、廊下で先生をお待ちしていましたが、他の全ての教室で読み聞かせが始まっても、先生はいらっしゃいませんでした。子どもたちは私を見て、読み聞かせの態勢を作りましたが、先生がいらっしゃらないので、またざわつきはじめました。

しばらくして、厳しい顔つきの滝沢先生がいらっしゃいました。私を見て「今日、読み聞かせありましたっけ?」とおっしゃり、私が「あります」というのも立ち止まって聞かずに、激しい剣幕で教室に入り「いったい、何回読み聞かせやってるの!」と激しい口調で叱責されました。そして、遅れた説明もないまま私に「読み聞かせのノートありますか?」と聞かれました。「教室にあると手紙に書いてあったので探しましたがありませんでした」とお答えすると「じゃあ取ってきます」と言って、また職員室へ行かれました。あまりの先生の激しさに動揺したまま、本をなんとか二冊読みましたが、平常心で読むことなどまったくできませんでした。

帰宅してから「滝沢先生には一人の人間として、はっきりお伝えするべきだ」と思い(これまでいろいろありましたので。また、複数のお母さんの困惑や怒りの声も聞いていましたし)その日の放課後、先生に面会を申し入れました。

滝沢先生は職員室の前で済ませようとされたので、教室でお話ししたいとお願いしました。

全体についての事実や思いをお伝えし「滝沢先生があのようでは、良い子どもたちは育ちませんよ」とはっきりとお伝えしました。

先生は私に「絵本がお好きなんですね」とおっしゃいました。また、「読み聞かせはもともと、先生たちの朝礼の時間に保護者が子どもたちをみていましょう、ということで始まったものです」ともおっしゃいました。そのことは、私はまったく知らないことです。先生と保護者とのコミュニケーションができていない、と感じました。

私のお伝えしたいことは響いていないと思いましたが、滝沢先生のお気持ちを感じたいと思い「先生、大変ですね……」と話を変えると、「いろいろうまくいかないこともたくさんあって……」と、涙をこぼされました。私は、本当に大変なことが分かっているので、一緒に涙をこぼしました。先生と正面から向き合いたかったからです。

先生は夏休みにどこへも行けないお子さんが毎年必ずいることや、休み明けに夏休みの感想をクラスで話すときはつらいことなども話してくださいました。先生に「夏休みはどこかへ行かれるんですか?」と、楽しくお話を終えようと思い問いかけたのですが、それには答えずにそうおっしゃったのです。不器用ではあるけれど真っ直ぐな先生の心も感じられた瞬間でした。

その後、ずいぶん長い間、このときのことを「あれでよかったのだろうか」と悩みました。

二年生の終わり頃、他のお子さんのお母様から「滝沢先生が男の子の足や口にガムテープを貼って指導された」と聞きました。しかし管理職の先生にお話したらきっと先生は困るだろうという配慮から、公にしない方がいいのではという保護者の方々の気遣いがありました。

それでも学校関係者評価委員会で、私は「怖い先生」について滝沢先生の名前を挙げずに発言しました。すると委員の方から「それは家庭で怒られ慣れていないからでは」というご指摘をいただきました。そういった反応は、これまでにも何度かありました。でもそれで済ませてしまっていいのかと、今、改めて思います。

サッカーの指導などで怒られ慣れた子どもたちがいる一方で、しつけや善悪などを穏やかに家庭で教えられていて、強い言葉に慣れていない子どもたちもいます。「怒られ慣れていない」という言葉で、そのような子どもたちや保護者のSOSを一蹴してもいいのでしょうか。

二年生最後の音楽朝会は、体育館の二階で滝沢先生が踊って指導していた、と複数の保護者から聞きました。幸太郎はその日、喘息で休んでいたので、直接は拝見していません。

「先生も変わられたのだな、よかった！」と心から思っていたのですが、その後、ガムテープのことを聞きました。「う〜ん……、でも、もうすぐクラス替えだな」とも……。

ちょうどその頃です。幸太郎の体育着や筆箱がなくなることや、手提げに他の子どもの消しゴム、上履き袋などが入っている事件も起きていました。

そのような学級運営の中で子どもたちは二年間を過ごしています。

しっかり者のお姉さんがたくさんいたのも、滝沢学級の特徴だったかもしれません。滝沢先生はしっかり者のお姉さんたちに頼らずにはいられなかったのかもしれないと、メンバーを見ると思います（幸太郎を含めて）。それでも校長先生が以前おっしゃっていた通り、注意するのは先生で、周りの友だちはすべきではないですよね。注意される側にとっては、いじめに近い形になっていくから、と。そうですよね。

本当に心苦しいのですが、以上のことも踏まえていただいた上で、クラス、学年の立て直しをお願いしたいと思います。

三年から担任に就かれた野村先生は、どのような反省をされ、どのような緊張感をもった立て直しを計画されているのかも、校長先生からで結構ですので伺いたいと思います。

野村先生はとてもお人柄が良く、あたたかい先生ですが、お若く、成長の途中でいらっしゃると思います。しかし幸太郎は野村先生の成長を待つことはできません。鋭い眼差しを持ち、間髪をいれない指導をしていただくことが、今のクラスに必要ではないかと感じます。

野村先生お一人にお願いすることは酷でもあり、無理でもあるのではないかと感じています。学年主任の先生も、いらしたばかりです。

主人が教育大学のある先生に相談したところ、次のようなアドバイスをもらったそうです。

「いじめは学級崩壊と表裏一体です。前の先生のときの影響もあるのでしょうが、それだけではありません。若い男性の先生が、最初の大事なポイントである学年初めの四週間で学級づくりがうまくできなかった典型例だと思います。その先生だけに頼らないように学年主任や校長先生や副校長先生など、他の先生方から手厚くサポートしていただくことが大事です」

野村先生お一人ではなく、どなたかもう一人の先生に、クラスが落ちつくまで、ついていただくことは無理なお願いでしょうか。

また本日、滝沢先生が離任式でお見えになった際に、野村先生へ、いじめの中心となったお子さんたちの情報をもう少し、引き継いでいただくことも必要なのではないかと思います。

連休前に第一段階の指導として、クラスの皆さんへお話をしていただいたこと、感謝しております。第二段階、第三段階としては、どのようなご指導を計画してくださっているのでしょうか。

幸太郎には、私が学校へ伺い、いろいろなことをもっと聞いてくるね、と話してあります。それを私から聞いた上で幸太郎は決意し、月曜日に学校へ向かうと思います。

五日の子どもの日の夕食に、家族が好きなピザを生地から作りました。

そのことを例に引き寄せながら、幸太郎が言っていました。

「今はまだ、やっと粉（小麦粉）が集まったところなんだ。これから膨らましたり（発酵）、いろいろしなくちゃいけないんだよ。まだ、何もできていないんだ。ピザが完成しても、それからまだ、いろいろやらなくちゃいけないんだ。バジルに毛虫が付いているのをとったりしなくちゃいけないいんだよ」

クラスの現状をピザに例えて、とても真剣に話していました。「まだ、何も分からないんだ」とも言っていました。

以上、勝手なことをまた記しました。

幸太郎は今夜、菖蒲湯に入り、筆箱に菖蒲を切って入れました。

主人は散歩しているとき「幸太郎が好きな自然のことをもっと知るためには、算数や理科が大切だよ。それを勉強するには漢字も勉強しなくちゃいけないから国語も大切だよね」と話したそうです。幸太郎の学ぶ機会を大切にしてやりたい、その機会を奪われないようにしてもらわなければ、と申しておりました。

九日、月曜日の登校を迎える前に、一度お話をさせていただけたら幸いです。お時間はいつでも構いません。私の方から出向かせていただきます。お電話でも結構です。

何卒よろしくお願いいたします。


その夜、美里のこの手紙に私が書き足さなければならない事態が起こりました。


妻は夜十時に、不安な子どもたちに寄り添いようやく寝かせたところで、パソコンに向かいこの文章を書き上げていました。

私は先に寝て、午前三時頃に物音がしたので起きてきたところ、妻が貧血状態となった上にお腹もくだし、倒れる寸前でした。

とりあえず、すぐにベッドに運びました。

親子ともども必死です。

どうか厚いサポートを早急に整えてくださいますよう、心からお願いいたします。

五月六日　4:30AM

大変な状況でした。

中心人物の手紙

五月七日の土曜日。学校はこの手紙にすぐに反応し、午前十時に校長室で、高橋校長と私たち夫婦との面談が行われました。この席で、校長から、三年一組の子どもたちが「自主的に」書いたという幸太郎宛の手紙を受け取りました。担任の野村先生からは「幸太郎くんが読むかどうかは別にしても、とにかく預かってほしい」と言われました。

子どもたちからは、「ごめんね。今度学校に来たら一緒に遊ぼうね」「くさいって言ってごめんね」など、子どもらしい表現でそれぞれの謝罪の言葉、励ましの言葉がありました。

いじめの中心人物だった大野くんは最初、まったく書けなかったといいます。野村先生は「書ける人たちだけでいいよ」と話したそうです。

ようやく大野くんが書いたのは、次の通りです。

手紙を読んだよ。悪口を言ってごめんね。自分もできてないのにちゅういしてごめんね。二どと悪口をいわないよ。来たら、みんなであそぼうね。自分のした事が悪いから、いまはむりだと思うけど、いつか許してね。

「自分もできてないのに注意してごめんね」というのは、教室で幸太郎ができないことがあると強く注意したり、からかったりしたということだと思われます。

同じく中心人物の一人、佐藤祥子さんからの手紙は、ありませんでした。

再登校を前にした学校との面談でのやりとりは、次のようなものでした。

美里　幸太郎は、九日の月曜は学校に行くと思っています。その前に伺っておきたいことがありますす。大野くんたちは本当に反省しているのでしょうか？　もう大丈夫なのでしょうか？　そして幸太郎にはどこか悪いところがあったのでしょうか？　あるとすればどう直せばいいのでしょうか？

幸太郎自身は「給食のときに手で開けにくいものが出て、それを口であけたら汚い！とかワーワーってなった。大野くんとか名前も言いたくないけど何人かが言いだして、他のやつらも加わった。それが始まりだった」と言っています。

確かにわが家では、身だしなみをきちんとするとかの意識は他のお子様たちに比べて薄かったのかもしれません。手洗いとうがいはやるけど、例えば上着の前と後ろが逆になっていても、友だちに言われて直すだろうと思い、そのまま登校させたこともあります。だらしない感じもあったのかもしれません。

また、幸太郎は、こだわりたいものへのこだわりが強いのも確かです。学校でも扱いにくいと思われているかもしれません。何かに集中すると、やるべきことを忘れてしまうこともあります。

もし気をつけるべきことが何か分かれば、それを指針にしたいと思います。

校長

大野耕平くんが校長室に来たとき、「どうしてこういうことしたの？」と聞いたら、次のようなことを言っていました。「幸太郎はハーッってやってくる。ベーッとも」。息をかけるということだと思いますが、私たちは見ていません。

また、佐藤祥子さんのお父様から「申し訳ない」という言葉がありました。佐藤さんの家は、お母さんの方が厳しいんです。だからお父様がいつも前面に出てきます。お父様によると「幸太郎くんの口がくさくないのに娘はくさいと言ってしまった」と。祥子さんは、家でも他の友だちをけなすことを言っていたそうなんです。その度にお父様は「それは良くない」と伝えていました。「言われたらイヤでしょ？」と。でも彼女は「私は平気よ」と答えたことがあったので少しびっくりしたそうです。もしかしたら彼女は、他の人の気持ちを汲み取れないところがあるのかもしれません。

今回、少人数クラスの担当の先生にもいろいろと聞きました。幸太郎くんをターゲットにして攻撃している場面には、出くわしていないそうです。幸太郎くんがつらそうにしているのは見たことはないのですが、イライラしている様子はよく見ていたそうです。ちゃんと座るべきときに座らず、聞くべきときに聞けていないクラスの状態があって、大騒ぎしてかき乱す他の子どもたちにイライラしていたそうです。

美里 その中心人物が大野くんでした。大野くんは、すぐに他の子どもにちょっかいを出していた、とのことです。

「今クラスは、パズルがかみあってないような状態なんだ」と幸太郎は言っています。「バラバラだ。休み時間も静かにしてほしいのに」と。そんなバラバラな状態になっていたところで、あの中心人物たちが「自分をターゲットにして悪ふざけを始めた」と言います。

「周りも誰も助けてくれなかった」と。わずか四週間ほどなのかもしれませんが、その中でバタバタって動いたのかもしれません。

校長 いじめって本当に怖いですね。こんな短い期間で一気に深刻な状態になるんですね。

確かに野村先生は本校に来たばかりで、見逃したところもあるのかもしれません。私も反省しています。あっと言う間でした。野村先生が隣のクラスの主任の先生にSOSを発信することもできませんでした。また学校幹部へのホウレンソウ（報告・連絡・相談）もできなかった。

そこで月曜からですが、学校として体制を変えます。とにかく私も含めて様々な先生に三年一組に関わってもらいます。登校についてはお姉さんと一緒に登校するか、学校の門かご自宅まで野村先生が出向くか、いかがでしょうか？

美里 なにしろ一番心配しているのは大野耕平くんです。大野くんが直らないとダメだと幸太郎も言っています。中心人物で言うと、大野くん以外の三人はわが家に謝罪にも来ましたが、大野くんのところはまったく分からないんですね。「遠足でも耕平にやられた」と幸太郎は言っていました。

校長 大野くんですが、授業を見ていても、先生のほうではなく体を横に向けて友だちを見ている子なんです。それで、できていない子を注意する。大野くんは一つのことを落ち着いてできないんです。

美里 あとは野村先生ですね。厳しさも必要ではないでしょうか。他のクラスの女性の先生は、誰かのメガネがぶつかって壊れたと聞いたとき、いじめの兆候ではないかと思ったのか、大きな声で「連帯責任だよ！」って子どもたちを一喝したそうです。野村先生は優しいから、そういうのがない気がします。

校長 確かに、その先生は、今回の幸太郎くんの不登校についてかなり怒っていました。野村先生の指導方法については、確かにちゃんと自分の教育方針を打ち出せないというところもありますが、私も担任だったのでちょっと分かる気もするんです。ガッと子どもたちを叱ると、ひかれてしまうという不安があって、どっか遠慮してしまうんです。でも、いけないことはいけないですよね。

面会は二時間に及びました。私たちが一番確認しておきたかったのは、大野くんがどう今回のいじめを反省しているのか、ご両親はどのような認識をして家で指導をされているのか、つまり、もう幸太郎が登校しても大丈夫なのかということでした。

しかし学校としては、電話で大野くんの母親にも連絡をして、いじめについて耕平くんに注意したことを伝えたという程度で、詳しい説明は一切、ありませんでした。

直接対決

謝ってほしいという気持ちは特になかったのですが、大野耕平くんのご両親から謝罪のひと言もないというのは、野村先生からの電話指導も響いていないなと感じていました。

ある保護者によると、大野くんのお母さんは平日は夜十時頃まで働いていて、お父さんもとても忙しそうとのこと。大野くんにはお姉さんもいるけれど、塾通いなどで忙しくしていて、やはり寂しそうにしている様子を見せたことがあったことなども聞きました。

幸太郎のためになんとかできないのか、と思っていると、大野くんの父親が、週末に校庭でやっているサッカークラブでコーチをしていることが分かりました。忙しいといっても、そこには来ていると聞いて私は悩みました。

どのようなお父さんなのだろう。怖い人なのか。直接対決ということになり、後味の悪い最悪の結果になってしまわないだろうか。でも、学校にこれ以上聞いてもどうしようもないし……。

大野くんともう一人のいじめ中心人物の安岡くん、そして二人の父親ともコーチでいるというサッカークラブの練習を覗いてみることにしました。

五月八日、日曜日。午前中に校庭を訪れると、サッカーの練習が続いていました。みんな元気そうです。まだ小学校の低学年、見た目はかわいいものです。母親とわが家に謝罪に来た安岡くんもいます。このチームの中にいじめ中心人物の二人ともいるなんて信じられませんでした。

でも現実として、いじめ中心者の四人のうち二人が、ここで元気に走っていて、うちの子は学校に行けない状態で苦しんでいることを考えると、胸が苦しくなりました。

たまたま見つけた美里の友人から、大野くんがどの子なのかを教えてもらいました。メガネをかけていますが、やはり腕白そうです。見ていると、コーチとして一緒にサッカーをして、耕平くんにひときわ大きな声を出して指導している男性がいました。それが大野くんの父親でした。そして安岡くんの父親も、やはりコーチとしていたのです。

私は家にいる美里に電話をかけ、校庭に呼び寄せました。自分だけで大野くん親子と対峙して、ケンカのような状態になっては困ると思ったからです。止める役が必要でした。

練習が終わると、皆一斉に校庭から出ていこうとしました。まず、わが家に母親と謝りに来た安岡くんとお父さんに「こんにちは。鈴木幸太郎の父親です」と声をかけました。

いじめについて安岡くんのお父さんは、家で奥さんから聞いたそうです。

安岡　この度は申し訳ありませんでした。私も海外に出張していて、先週、帰ってきたので聞いたばかりです。幸太郎くんの様子、いかがですか？

真治　傷ついてはいます。いじめないようにお子さんをご指導いただけたらと思います。

安岡　はい。学校とはどんなやりとりを？

美里　校長先生にもお話して対応していただいています。四人のお子さんは校長室で指導もしていただいたそうです。

安岡　気がつかず、申し訳ありませんでした。

話していると、いつの間にか、大野耕平くんとお父さんが校庭をもう出てしまうところでした。慌てて話を切り上げ、安岡さんから呼び止めてもらいましたが、五十メートルほど離れてしまっていて、気づかない様子です。

私は走って近づきました。ようやく二人に追いついて、歩きながら声をかけました。

真治　三年一組の鈴木幸太郎の父親です。大野さんですよね。幸太郎のことはご存知ですか？　いじめのこと、耕平くんから聞いていらっしゃいます？

大野　人づてにはって感じです。

いじめ、と聞こえたはずなのに、歩きながらひと言だけの返答です。しかも「人づてには」と。これには驚きました。

ナンナンダ!?

そのままついて行って、正門の外へ出ました。耕平くんがそこで友だちと話し始めたので、友だちの前で深刻な話をするのはどうかと一瞬躊躇しましたが、時間稼ぎをしなければ行ってしまいそうだったので、とにかく話しかけ続けました。

「すごいドリブルですね」

そして耕平くんの注意も引きたかったので、「お父さん、サッカーうまいな!」と改めて話しかけました。それからすぐに「お父さん、お時間ありますか? 喫茶店でお茶でもいかがでしょうか?」と聞きました。

すると、お父さんは「なんかうちの子どもが悪いことしているなら謝らせますし、ここでいいなら」と、正門を出たところで立ち止まりました。声は冷静でした。

あとから追いついた美里がこれまでの経緯を話しました。

美里 あらましをお話しますね。幸太郎は、耕平くんとは一年生と二年生で一緒です。三年生でも。で、四月になってから、耕平くんたち四人が中心で、クラス全員が巻き込まれる形で仲間はずれ、いじめがパアっと広まっているんです。

幸太郎は学校に行けていません。不登校です。四月末から。今は外に出るのも怖がっています。四人のお子さんのうち三人は、どんな気持ちか、これからどうするか、わが家にお母さんかお父さんと出向いて話をしてくれたのですが、大野さんとはコンタクトが全くとれていないので、一度お話できたらと思ったんです。幸太郎のどこかがすごく嫌なのか。これから地域で一緒に大きくなりますよね。そして、いじめは取り返しがつかないことにも発展しかねないですよね。だからお父様を交えてしっかりと話したいんです。

一気に美里は話しました。すると、今度は思いもよらない返答がありました。

大野 ぜんぜん知りませんでした。私は一カ月の中でほとんど家にいないので。

真治 ちなみに謝ってほしいとかではまったくありません。どうすれば、いじめをやらないかということです。

美里 耕平くんは幸太郎と同じくらいの背の高さなんです。そして、背の高い方の他の子どもたちから背の順で並ぶときにいじめられていると、実は二年生の頃にも他のお母さまから聞きました。「幸太郎くん、やられているよ」と。でも、男の子たちのことなので、私が出ていくことはないなと思っていたので口を出しませんでした。

大野　でも三年生になって、他の子たちも巻き込んでのいじめが広がったのです。担任も止められませんでした。前の担任の滝沢美保先生はご存知ですか?

美里　まったく知りません。

大野　力で抑えるタイプの女性の先生でした。今度は若い男性のやさしい野村先生。野村先生は子どもがただふざけているという感覚だったのかもしれません。でも、それにクラス全体が巻き込まれています。緊急事態です。カウンセラーも管理職も、教育委員会もこのクラスに対応しようとなってきています。こうしたお話はお父様には届かず、お母様でお話が止まっているのではないかと思ったのです。

美里　ありがとうございます。(間)自分としては「スミマセン」としか言えません。ほとんど家に戻れない状態なのです。一週間に一度、子どもに会えるかどうか。なんか、ご迷惑おかけしています。息子は体力的に余っている部分があるので、おわびする部分があれば、改めて直接おわびしたいということです。

大野　耕平本人がどう捉えているのか。最終的に幸太郎くんの心理が追い込まれたりとか、不利益を被っているなら、その結果が全てだと思うし、基本的にフェアに学校生活も含めて生きていけるように何をすべきか改めて話せればと思います。

美里　ありがたいです。よろしくお願いします。幸太郎に直すべきところがあれば直したいとも思っています。

真治　（耕平くんに）どう、ある？
耕平　（首を横に振る）
真治　どんなことを言ったの？　「くさい」「死ね！」とか？
耕平　「くさい」って言っちゃった。
真治　あとは？
耕平　「遅いな」って。
大野　なんのために？　なんのために？　意味ないでしょ！
　　　のろいから注意しようとしてくれたのかな？
真治　なんのために？　意味あるの？　相手の気持ちは？　言われた人の気持ちは？　言われたらどう思うの？
大野　みんなで生きているんでしょ。人を守りなさい。自分で考えて。ちゃんと。自分一人で生きているわけじゃないんだよ。みんなで生きているんでしょ。人を気遣うのが当たり前でしょ。
　　　仲間って何？　一歩踏みとどまろうよ。どうしたらやめるの？　どうしたらできるの？　耕くんが一番悪いの？　じゃあ謝らなきゃ。相手に直すところあるの？　ないでしょ。耕くんが直すんでしょ。どう直すの？
耕平　なんか悪口とか言わない。

大野　どんな悪口？
耕平　「くさい」とか言わない。
大野　なんで言っちゃ駄目なの？
耕平　傷つくから。
大野　そうでしょ。人を傷つけるなんて、正解ひとつもないよ。自分が直すの？　じゃあ謝りに行く？　（私たちに）幸太郎くん本人と話せます？　謝らせます？
真治　それは私たちが決めることではないので。
大野　いや僕は全然。本人の負担にならなければ。
美里　他の三人がいらしたときも、幸太郎は別の部屋にいたので、それは分からないです。ならば全然、自分としてはお詫びできる部分については、直接お詫びできればいいと思うし、お伺いして負担でなければ。
大野　耕平くんについてはあまりに情報がないんです。どう反省しているのか？　本当にやらないのか？
美里　幸太郎はまたやるだろうと思っています。心を入れ替えてくれないと繰り返す。そうすると耕平くんも追い込まれる。繰り返せば、幸太郎も立ち直れないと思っています。月曜に行ってまた繰り返すのではないかと思っています。
耕平くんは謝りに来てくれてないし、手紙もいただいたけど、なかなか筆がすすまなかったみたいだし。手紙には三行くらいしか書いていませんでした。これでは分からない、と。もし来てくれて、何かしらの話をしてくれるなら、耕平くんの話が幸太郎に入って、前に進めるのではないかとも思います。

真治 ここは解散して、おうちでお母さまとも話してもらって、改めて来ていただくのがいいのではないでしょうか？　できれば今日中に。ご対応いただけたらありがたいです。

私は、大野さんご夫妻の間でいじめの話がまったくできていないことに衝撃を受けました。そこで、まずは一度、帰宅してもらい、耕平くんを交えて家族で話してもらってから来てもらいたいと思ったのです。

美里 今、幸太郎は道を歩くのも怖い状態です。月曜日は自宅まで野村先生に迎えに来てもらって登校します。放課後もタイミングをずらして下校しようと思っています。

大野 なるほど。何ができるかっていうことなんで。

美里 耕平くんが悪いっていうことで、いいのかな？

耕平 そう。

美里 嫌なこととか幸太郎にあったんじゃない？

耕平 ない。

真治　学校を通じて窮状を訴えているのですが、お父様には伝わってなかったのですね。

大野　スミマセン。自分としては直接話す機会がなく、今日たまたま戻ってきただけなんで。母親は悪いことが起きていて、悪いことは悪いと。僕は誰にどうとかはないですけど、人を傷つけること自体が避けるべきだと思うので、それが本人に伝わってないなら話しますし、本人が自覚しているなら、ご本人様にお詫びするべきだし。

美里　授業中も横を向いて話を聞いてないことがあることなどは、ご存知ですか？

大野　なんか、そんな話を聞いています。

美里　でも賢くて、漢字いっぱい知っているんですってね。

大野　本人がまじめに過ごせていないのは本人の不利益で自業自得。自覚すべき。だけど人を傷つけるのはダメです。避けなければ。授業中のそれは本人が直すことだと思うし。

真治　それで周りに与えている何かがあれば、他の子たちが授業を受けるチャンスを潰しているとすれば、問題があると思います。

美里　先生からも「他の人を注意する前に自分がまず前向いて」と言われているようです。ご存知ですか？

大野　教育の問題、クラスの問題は、今言っても、朝から夕方まで寄り添えないので。学校の中で先生がどういうマネジメントをするか。声かけ。どのタイミングで注意し、どう是正するかは教育現場のマネジメントです。その中で上がってきた事象、事態が、教師のインタビューや情報で是正すべきであれば家庭で変更しますし。完璧にパーソナリティを是正して、人に対しても悪影響を及ぼさない善人にしなさいという教育を家でしても口だけになってしまうので、それはそれぞれのペースで話せばいいかと。

美里 学校でのお話などが、お母さまで留まりがちになっていることはないですか？

真治 簡単に言うと、おやじが言うと効くでしょ？

大野 それはありますね。

真治 サッカークラブのために、地域のために、時間を割いてくださっているんだから、お子さんのためにもお願いします。

大野 分かりました。妻が夕方、仕事から戻ってくるので、揃ってお詫び申し上げた方がいいかと。六時半には戻るので。

私は持参してきた名刺に自宅の住所を書いてお渡ししました。

別れ際、耕平くんは横にいて話を聞いていた友だちに「このあと公園、行かないのぉ？」と気軽に話しかけ、すぐに父親から「お前の話でしょ。分かっているの？　一日ちゃんと考えてね。分かった!?」と叱られていました。

一日ちゃんと反省し、きっと謝罪にも来てくれるはず……。

全てが解決したとは思いませんでしたが、私たちは、いじめの「本丸」に当たることができました。思い切ってこのタイミングでお話して良かったと思いました。

それにしても、やはり想像通り、大野耕平くんのご両親はとても忙しいということが確認できました。お母さんは週末も仕事に行っているのです。お父さんはサッカーのコーチとして週末の子育てには参加しているものの、大事なはずのいじめの情報すら伝わっていないことが分かりました。

また「学校のマネジメント」など、カタカナのビジネス用語が頻繁に飛び出てきたことにも戸惑いました。この地域によくいる、いわゆる「カタカナ族」なのでしょう。もしかしたら優秀な外資系のビジネスマンなのかもしれません。ですが、子育てを学校に任せすぎではないか、と呆れてもいました。

いったん自宅に戻って、夕方、大野くんたちが来ることを幸太郎に伝えると、初めて具体的にいくつかのいじめの種類について話してくれました。

㊀幸太郎が得意なこと（虫の形の切り紙や図鑑にある鳥の絵を描くなど）をしているとき、少しできないところがあったりすると大野くんが見つけて「それ、できないんだね～」とか「図鑑持ってきちゃいけないんだよ～」などとガヤガヤ言ってきて、それが△の人や普通の人にまで広がってワーワーと攻め立てられるようになる。二年生の終わりごろ、放課後の居

場所に行けなくなったのも、それが原因だったかもしれない。

②体育の授業のとき、幸太郎が自分にできることを自分のペースでやろうとして、たまたま間違えているところを大野くんがすかさず見つけ「それできるの～？」などと言ってくる。幸太郎が「できる」と言って続けようとするが、大野くんやその周りがワーワー言ってくる。大野くんも全てできるわけではないが、体育は好きだから特に調子にのってくる。

③「くさい・死ね・消えろ」などの言葉は、背の順で並んでいるときにやられる。先生が聞いていないときにやる。大きな声で言ってくるのだが、先生は前の方にいるので気にしてもらえない。「後ろのほうは気にしてもらえないんだよね」。

もう一人のいじめ中心人物、佐藤祥子さんの場合についても聞きました。

「佐藤さんは、先生に気づかれるとやばいと思っていて、俺が近くにいるときだけやってくる。遠くにいるときは見つかるからやらない。近くにいて、わじゃわじゃやるときはひどい。注意するやり方がやりすぎという感じ。死ね、とか、消えろ、とかまで言う。でも大野くんは遠くにいても近くてもやってくるから、俺は大野くんの方が大変」

美里が「幸太郎の中の何かが祥子さんは気になっているのかな？」と聞くと、「自分の中のその『何か』が消せればいいんだよな。そうすれば突っ込まれることがなくなるんだよな……」と。

私も「自分としては何を直せばいいと思うの？」と聞くと、幸太郎は「ゆっくりしているところを直せばいいんじゃないかな。そういうのを減らしていけばいいんじゃないかな……」と答えました。

こう話した後、大野耕平くんと両親がいよいよ来るという現実に心が回り、幸太郎は心配し始めました。

幸太郎 （僕は）出ていかなくてもいい？

美里 すでにそうお伝えしてあるから、出てこなくていいよ。

幸太郎 別の部屋から、「もうやめろ！」と大声で言ってもいい？

美里 いいよ。

幸太郎 たくさんの紙に「やめろ！」と書いて、玄関から見える壁じゅうにはってもいい？

美里 それはちょっと卑怯だね。

それだけの気持ちがあるなら出てきて言った方がいいんじゃない？

幸太郎 ・・・・・・（苦しそうです）

美里 じゃあ紙に書いたら？　渡してあげるよ。

幸太郎 じゃあ手紙を書こう。

香苗 便箋がいいよ。こちらの丁寧な気持ちが伝わるから。

書き上げて「ママとパパは読まないで」と言って私に預けたので、見えないところで読みました。手紙の内容は、いじめをやめてほしいと訴える内容でした。耕平くんに渡しても大丈夫だと思いましたが、二枚目には「やめろ」と便箋いっぱいに書いてありました。

夕方まで時間があったので、幸太郎は私を誘って近くの公園へ行きました。

私たちが公園にいる頃、美里は一本の電話を受けていました。いじめの中心の一人、清田くんのお母さんからでした。

清田くんは、低学年の頃から、面白い話でも悪い話でも必要以上に盛り上がってしまうところがあったそうです。二年生まではクラスメイトがよく分かってくれて、面白い話のときだけ一緒に盛り上がり、悪い話のときは取り合わずにいたそうですが、三年生になってクラス替えもあり悪い話にも乗ってしまっていた、それがいじめにも繋がったようだ、と反省しきりでした。

そして午後六時半、大野さん両親と耕平くんの三人が、わが家へやってきました。

大野　遅くにすみません。改めて一日中、話しました。傷つけたことは、頻度は、細かく野村先生からインタビューできればと思いますが、解釈で言うと、傷つけ、実際、幸太郎くんが登校できない状況は本人も反省しています。責任はあると。

起きたことに関して取り返しどうこうは難しくても、幸太郎くんに普通に学校に戻っていただくにあたって、当然のことですが、信用は取り戻すしかないと思いますが、二度と人を傷つけること自体をしないということ。改めてそれをお伝えできればと。朝、キャッチアップできなくて申し訳ありませんでした。

真治　こちらこそ、朝は、突然スミマセンでした。

大野　今後は学校に関するマネジメントは別途で細かく。改めて、明日、もし登校できれば、そういう流れがあれば直接、お詫びできればと思いますが、必ず、不安として、そんなこと言っても、きっとまた言ってくると思っていると思いますが、絶対ないと自覚していますので。そこだけ改めてお伝えできればと伺った次第です。耕くん、分かる？　明日はどうするの？

耕平　悪口とか言わない。

大野　お詫びは？　お詫びは？　おわび。ごめんなさいは？

耕平　幸太郎さんに悪口とか言ってスミマセンでした。

大野　普通に、人を傷つけることはダメって知ったよね？　今までしたことはどうするの？

耕平　おわびする。本人にあやまる。

大野　お父様、お母様に、「ごめんなさい」言って。

耕平　幸太郎さんを傷つけるとか悪口とか言ってスミマセン。

美里　何回か繰り返していたんです。だから「今回謝ったからいいよ」、とはなりません。

大野・妻 幸太郎が手紙を書いたので読んでくれる？　必ずしもいいことが書いてないけどね。申し訳ありません。

真治 （手紙を読む時間を待って）分かった？　分かってくれる？

大野 ちゃんと謝れる？（耕平くん頷く）

現場でキャッチアップできてなかったのはありますが、起きたことに対して、ちゃんと捉えるということ。本人から気持ちを伝える、ごめんねと、今まで全て言うのが大事です。

ここは自分の気持ちとともに仲間とクラス、事実を捉えて問題を捉えて、本人も将来に向けて傷つけないということを学んで、悪いことを是正できればと思います。

教育のマネジメントは、起きた事件とか二年生の後半からあったこと。学校現場の中で家庭側のマネジメントと、どうして是正されないのか。担任に何を言ってもらうのか。あとは言われ方もあると思いますが、真摯に受け止める姿勢や理解です。授業態度、学校への姿勢も自ら改めて、どんな現場でもできていけたらと思っていますので、大変申し訳ありませんでした。

美里 幸太郎は、恐怖とかつらさもあったので、今まで話せなかったのですが、お父様と話せたと言ったら、いろいろと話してくれました。

真治 もし謝るって気持ちがあるなら、その気持ちがあるなら、もういじめをしないでほしい。

耕平　うん。

美里　いじめってわかる？　周りも傷つくんだよ。最後は自分が傷つく。おまわりさんも出てくるよ。軽い気持ちでやっていても、すごく怖いことだからね。人を傷つけると、取り返しがつかないことになるよ。

真治　これからは一緒に力を合わせて。いいクラスにしてね。今日は何の日か知ってる？

耕平　母の日。

真治　そう。お母さんにこんな思いさせたら残念だね。でもわが家は、母の日だけじゃなくてゴールデンウィーク中、ずーっと苦しかったんだ。それも分かってね。来年はいい母の日にしよう。お母さん喜ばせてあげてね。

大野　今のマネジメントだと再発するかもしれないなと思いますが、本人は確実に約束したことを明日からできるようにします。何するの？

耕平　あやまる。仲良く遊ぶ。

大野　人を傷つけないでね。悪しきに巻き込むことも直していければと思います。

美里　うちも、幸太郎をしつけられたら。

真治　お父様もお母様も、お忙しいと伺っていますが、なんとか見ていただいて。よろしくお願いします。今日の今日でスミマセンでした。ありがとうございました。

三十分ほどの訪問でした。

やたらお父さんが前に出てくるご家族だったなと思いました。子育てをほぼ任されているはずのお母さんの声はほとんど聞こえませんでした。しかも、お父さんの言葉は難しいビジネス用語が早口でたくさん出てくる割には、何か伝わらないなぁという印象を持ちました。

一方で、耕平くんには、やはりもっと大声で怒鳴った方が効いたんじゃないかなと、私はまたもや一人で反省していました。それでも今後、同じ地域で生きていくことを考えると、あれが精いっぱいの対応にも思えました。

美里が「明日はとにかく一歩前に進んでみよう」と言うと、「うん。一歩前進っていうことか」と幸太郎が返します。

「一歩どころではなく、十歩くらい進んだと思うよ。大野くんとご両親と話せたから」という美里の言葉には何も返さず、それほど前向きには考えられないようで苦しそうでした。

美里もその気持ちに寄り添いたいと思ったのでしょう。幸太郎を抱き寄せました。

私たちは気分転換しようと「母の日をしよう」と提案し、夕食はお寿司を買ってきて食べました。途中で香苗と私が盛り上がってくると、幸太郎の顔色が曇り、意気消沈してしまいました。

美里が「幸ちゃんはそんなに盛り上がる気持ちにはなれないんだよね。分かっているよ、不安だよね。明日が頑張らなくちゃならない日なんだもんね。ママは一緒に進むから大丈夫。心配しないで」と伝えると、少し笑顔が戻りました。

今回はすぐに気づいた私と香苗は、気持ちに寄り添おうと、幸太郎の気持ちに添った歌を一緒に歌いました。すると幸太郎も「この歌はいい歌だなあ。今の気持ちにぴったり」と言って、心を込めて一緒に歌いました。気持ちに寄り添うとはこういうことだと痛感させられます。

寄り添うだけでは強さを身につけられないとも思いますが、今はしっかり寄り添うときで、突き放すときではないと私たちは夜、話しました。

その日の夜も、美里は学校に報告する手紙を書き、提出しました。

昨日も、いろいろなことを幸太郎と話しました。ひとつ、幸太郎が胸を押さえて「ああ、今ここのところが、スーっとした。鼻から何かが出て行った感じがする」と、本心から言ったことがあるので記します。

校長先生が「幸太郎くんの中に、大野くんが中心となって、クラスの状態が悪いことなどへのイライラが溜まっていったこともあるのかもしれませんね」と慮ってくださったことを話したときです。

「イライラはしていなかったけど……、ちらっと見て、子どもだなって顔をしちゃった。そこから、大野くんを直さないと周りのみんなも真似しちゃうと思って関わり始めたんだけど、やっぱり自分がつらい思いをしちゃうことになるんだよね」と言いました。

私から「算数少人数クラスの先生は、幸太郎が、前を向いて席について、と当たり前のことをやって授業に臨みたいと思っているのに、そうならないことが嫌で、態度に示していたよう」と見てくださったことも伝えると、「うん、そうだよ。あ〜あ、胸のつかえが今とれた」と言いました。

また、今の心境をこう語っていました。

「大きな木をノコギリで切っているんだよ。途中で片方の自分の指が傷ついちゃったんだ。だから反対の手で一生懸命続けて切るんだけど、毛虫やミミズが出てきて邪魔をするんだよ。そして、やっと最後まで切れたときには、ほんとうにヘトヘトになってしまうんだ」

どうやら大きな木は、いじめの中心の四人。毛虫やミミズは△マークの人たち。木を切っているのは自分で、今の事態をどうにか切り抜けようとしてきたけど、本当に難しい、この方法ではうまくいかないと感じている、ということでした。私が「一人では木を切ることはできないね。でも、何人かで協力して切ったらどうかな？　毛虫やミミズも一人の手の上にはのせきれないけど、二人、三人の手を合わせたら？」と話すと「うん、そうだね」と。

食事が終わり、就寝の時間になってもなかなか寝つけませんでした。吐き気がする、と言って起きてきます。とても緊張しているのだと感じます。添い寝をして、十時に寝つきました。普段は八時半に寝ますので、明日は少し睡眠不足になると思います。

明日の朝、体調がよければ、登校いたします。

祈るような気持ちで、送り出します。先生方、どうか、よろしくお願いいたします。

幸太郎をもうひとりぼっちにしないでください。
今回もまた、勝手なことを長々と書かせていただきました。どうかお許しください。
重ねて、様々なご手配、そしてご配慮に、家族一同、心より感謝しております。
今後ともよろしくお願い申し上げます。

五月八日　幸太郎の母

再登校

五月九日、月曜日。幸太郎は久しぶりに登校しました。以下は、学校の「いじめ報告書」からです。

この日から担任が幸太郎さんを自宅まで迎えに行くことにした。幸太郎さん登校。もう一度、朝の登校時に謝る場を担任が設定した。

素直に謝る子、ごめんなさいの手紙を渡す子、どういう態度をとったらいいのか迷い、その迷いを表情に出す子など様々な様子が見られた。子供によって表現の仕方は様々であったが、幸太郎さんが登校してくれたことを素直に喜ぶ子供たちの様子が多くの児童に見られた。

全校朝会で「わたしのせいじゃない」という絵本を紹介し、無関心な態度もいじめであることを全校でも考えた。

再登校一日目の五月九日には「変わったのか分からない人もいたけど、みんな変わっていたよ」とうれしそうにはにかむ幸太郎さんの様子をお母様からうかがった。この三日間は、幸太郎さんへのからかいはなかったと捉えている。


学校は「からかいはなかった」と報告書に記していました。しかし、実態とはそぐいません。美里は連絡帳で、再登校の翌日、次のように報告していたのです。


幸太郎は帰宅後、次のように話しました。

「今日はね、祥子さん以外の人たちはみんな変わってたよ」

拍手する私と香苗に嬉しそうにはにかみましたが、「祥子さんはどんな感じだったの？」と聞くと、『おはよう』と言っても無視。嫌な雰囲気だったから先生に話したら、後で人のいないところで『あやまればいいんだろ。ご・め・ん・ね！』と今までと変わらない様子で言ってきた」と。その場面は誰も見ていなかったそうです。

再登校の当日、なんと言っても強烈だったのは佐藤祥子さんの態度でした。

他の人が自ら、または先生に促されて謝罪したにもかかわらず、祥子さんは謝罪を拒みました。

そして後で先生から再度、言われたのでしょう。いかにも仕方ない、という感じで「あやまればいいんだろ。ご・め・ん・ね!!」と大きな声で言ったというのです。

祥子さんとの登校初日のやりとりは、幸太郎の中でも引きずることになりました。

「祥子は本当にイヤだ。本当にどういう人なのか分からない。はなれたい」

「野村先生には、注意するときだけじゃなくて、ずっと冷たい態度を取ってもらいたい。先生は祥子が悪いって、分かってくれているはずだよね。分かってくれているのかなあ」

不安そうでした。

祥子さんは保育園のとき、お遊戯会などの集団で行うものは一切やらない子どもだったそうです。お母さんは心配していましたが、学校に入って、二年生の学芸会はノリノリでやっているのを見て、ホっとしたそうです。わが家に謝罪に訪れた祥子さんのお父さんから伺ったお話では、幼い頃、特定の男の子をものすごく好きになってしまったそうです。小学校に上がってからも同じようなことがあり、周囲から不思議がられたこともあったとのこと。祥子さんは、そういうちょっと変わった特徴がある子でした。

美里は「祥子さんに手紙を直接書いてみたら」と幸太郎に提案しました。謝罪で訪れた際に、お父さんも「なにかあったらいつでもご連絡ください」と話していましたし、大野くんにも「やめて！　やめて！……」と書いた手紙を出したことで、効果があったのではないかと感じていたからです。そこで、幸太郎が書いた手紙です。

祥子へ

祥子、やめろ、やめて、やめなさい、といいたい。
もしやなことがあるなら、はっきり言ってよ。
祥子のきもち、ぜんぜんわからない。
自分よりだれかがなにかできていても、そのだれかにそんなにむかつかないで。
いつもいつも帰ってさわいでいます。
祥子ってどんなやつなんだと。
祥子ってなんで友だちができるの??
おまえがわるい人だ。
もしかして自分がわるいことしてるのにきがついてないの?
先生たちもまわりのおとなたちも、みんなきがついています。
祥子はまわりにつられているんじゃなくて、
自分でわるいことをたくらんでいるほん人なんだよ。
いまでも祥子だけが、がっこうでぼくをにらんでくるよ。
もうやめて、もうやめなさい、もうやめろ

最後の三つの言葉は、だんだん大きな文字になって、濃くなっていました。

祥子さんやご家族とはもう一度、お話をさせていただく必要があると感じ、学校にもお願いすることにしました。

しかし結局、この手紙への返信をいただくことはできませんでした。

いずれにしても、私も美里も、幸太郎がなんとか再び登校できたことを喜んでいました。とはいっても、祥子さんのこと以外にも、気になることがありました。幸太郎の言葉です。

「クラスの普通の人たちに『俺どうしたらいいのかな』と聞いても、『え～なんのこと～？』という感じだよ」

幸太郎にとっては、いじめ、という大事件が降りかかってきたにもかかわらず、クラスのみんなはもうこれまでと同じ日常に戻っていることに違和感を持っているようでした。「クラスのみんなが他人事だと思っていると感じるのがとてもつらい」とも話していました。

確かに、幸太郎がもらった手紙や声掛けには「ごめんね」「守るね」「一緒に遊ぼうね」などの温かい言葉がありましたが、幸太郎はかわいそうがられたいわけではなかったのです。ただただ、今のクラスが良くなるようにしてほしい。そう願っていました。

ところが、クラスの他のみんなと、その気持ちが共有できていないのではないか、と感じて落ち込んだのだと思います。

もちろん、自分も加わって、再び良いクラスにしたいという思いもありましたが、すでに幸太郎の羽は折れていました。

　幸太郎の気持ちを汲みとり、私たちは今後、学校に提案することについて話しました。やはり改めて、野村先生からクラス全体へのはっきりとした叱責がいるのではないか。クラス全体で今回のいじめについての話し合いも必要ではないか、ということです。

　今回の件は、単なる「いじめ事件」ではなく、クラス全体がぐちゃぐちゃになるなかで野村先生のコントロールが利かなくなり、その中でいじめも発生した。だから、いじめも「クラスの連帯責任による事件」といった明確化が必要だと思いました。

　確かに一年生や二年生のときの担任の滝沢先生や当時の学校幹部の責任もあります。難しいのでしょうが、その明確化がクラス再生のために避けては通れないプロセスだと感じていたのです。

　その上で「クラスを良くするチャンスだと思う。一緒に一つ一つ直して、ピカピカのクラスを作ろう！」などの力強く前向きな呼びかけが、子どもたちにも必要ではないかと話し合いました。

　いくら私たちが幸太郎にそのことを話しても、クラス全体が同じ意識を持ってくれなければ、意味がないのです。幸太郎一人にはとても抱えられる重荷ではありません。孤独を感じてつらくなるだけなのです。

　この頃、幸太郎は「おれはダメだなあ、ダメだなぁ。何か役に立ちたいんだけどなあ」と言ったかと思えば、翌日になると「おれはえらいんだ！」とまったく逆のことを言っていました。

　美里が「でもあんまりエライと思いすぎると、よくないんじゃない？」とたしなめると「えらくないの?」と、今度は大きく動揺して泣きました。

こうした様子を見ていて、幸太郎はもしかしたら自分を肯定してくれる力強い言葉が欲しいのではないかと感じました。ぐちゃぐちゃになったクラスを再生させようとして、いじめに遭い失敗したけれど、その試みについて誰かに褒めてもらいたかったのかもしれません。

幸太郎が欲しかったのは「エライ!」と肯定してくれる強い言葉ではないか、もっと言えば「君のおかげでクラスのみんなが気づくことができたよ!」のような言葉です。

それも家族以外の他人から、です。特に担任の先生や、校長先生などから言われると、嬉しくなって、元気を取り戻せるのではないかと感じ始めていました。

クラスみんなで事件を反省してほしい。そこで、この夜、美里はこれまでの経緯をまとめ、それを学校に報告しました。

一年生

春

休日の校庭開放で「長縄とび」を私たちと香苗と幸太郎でやろうとしていると、大野くんがサッと入ってきた。幸太郎はその瞬間に嫌がり、遊ぶのをやめて泣いてしまった。大野くんには断り、長縄遊びを中断した。この頃から、大野くんから嫌がらせを受けていたのではないか?

一学期

学校に行きたがらず、母親が抱きかかえて連れて行くこともあった。「分からないことがあっても滝沢先生に聞くと怒られるから聞けない。学校に忘れ物をしても、先生に怒られるから取りに行けない」と言っていた。

二学期〜三学期

母親はPTA会長として学区内で起きた交通事故の対応などで忙殺されており、子どものことは見てやれなかった。幸太郎は学校へは普通に通っていた。プール指導やマラソン大会などハードルはあったが、乗り越えた。

二年生

四月

毎日のように学校に忘れ物をしてくる。本人は「おかしいなあ」と。忘れ物だと思っていたが、いじめではなかったのか？　ようやく滝沢先生を怖がらなくなったが、強い態度で相手に対応する先生の手法が子どもたちに浸み込み、「怒る・怒られる」がクラスに常態化した恐れ。

五月

運動会の練習後、昇降口で後ろから駆け込んだ子どもたちに押されたのか、転倒。前歯の永久歯を折る。本人の不注意だと思ってきたが、いじめだった可能性も。

＊二年生の途中。幸太郎が背の順に並んでいるときなどに、近くの子に嫌がらせをされているということを、他の保護者から何度か聞いた。だが、

本人が母親に訴えることはなかった。

三学期　放課後、全校児童対象の居場所で大勢の友だちに嫌がらせを受けることが多くなり、母親に訴える。同じ頃、筆箱や体育着がなくなる。筆箱は図工室の棚の下から、体育着は階段近くの掃除用具入れあたりから出てきた。また、週末にもって帰る手提げ袋などにも、他の子どもの上履き袋、紅白帽子、消しゴムなどが入っていた。幸太郎は「どうしてかなあ」と言っていた。滝沢先生も私も本人に原因があるのか、いたずら・いやがらせなのか特定できず、よく分からないままだった。

三年生

四月初旬　給食が始まった頃から、幸太郎がへとへとになって帰宅するようになった。毎日「今日も大変だったよ」と言ったが、ひとしきり私に甘えてようやく落ち着いた。いじめが本格化していたとみられる。

四月十八日　帰宅して「もうダメだ」と初めていじめを訴えた。「Mさんまでやってきた」と。話を聞くと、猛烈な嫌がらせをされ、普段は普通のMさんまでが一緒になって攻撃してきたという。

四月十九日　担任の野村先生と面談。「悩んでいます」と相談し、対応をお願いした。

四月二十日　「大変だった。ひどい」と言って帰ってくる。二十一日の連絡帳にこの旨を書き、先生に渡すよう持たせたが、渡さずに帰宅。

四月二十二日　朝から完全に心身が折れてしまう。「学校を休む」と言う。母親が連絡帳を持って学校へ行き、野村先生に事情を説明。

四月二十五日　相当無理をした状態で登校。「ひどかった。もう遠足にも行きたくない」と帰宅。母親が、「今から放課後の教室にいるかもしれない大野耕平くんと佐藤祥子さんに『やめて!』って言って来る」と出かけようとする。遠足のしおりが見つからないという幸太郎も同行。途中で気持ちを抑え、まずは担任に相談すべきと教室へ。ひどい状況を話す。

四月二十六日　我慢をして遠足に行く。帰宅して「何も変わっていなかった。くさいと言われパンチして……」という話をする。母親は、事態はかなり深刻で学校全体での対応が必要だと判断。管理職の先生方と面談。

四月二十七日　本人、朝起きてよく考えた末に欠席。学校でクラスに指導。いじめの中心にいた四人に個別指導。夜、それぞれの家庭に野村先生から電話。

四月二十八日　この日も欠席。クラス全体に改めて指導。校長室でいじめ中心者の四人に指導。美里、その後、校長・副校長と面談。

四月二十九日　いじめの中心である三人が、親子でわが家を訪問。

五月二日　欠席。学校でクラスに指導。
五月六日　欠席。学校でクラスに指導。
五月七日　両親と校長先生で面談。
五月八日　サッカーチームの練習後、大野くんの父親と立ち話。夕方、大野さん親子が、わが家へ。
五月九日　再登校。「祥子さん以外の人は変わった」と帰宅。油断はできないと本人は不安を抱えている。
五月十日　起床するも食欲不振。「学校に行きたくない、クラスがバラバラだ、いつか自分はダメになる」と感じている。励ますと、ようやく気分を立て直す。

異変

五月十一日。夜、ちょっと幸太郎の様子が変でした。

きっかけは姉の香苗との小さな心のボタンの掛け違いです。二人でお風呂に入るのですが、先に幸太郎が入り、香苗が後から入って、しばらくすると幸太郎が怒るようなウーッとうなるような声をあげました。

お風呂から出てくると「香苗が後から入ってきたのに、『待たせてごめんね』とも言わず、嫌な感じのことを言ったり、態度をとったりした。俺が今、こんなつらい状態でいることを知っているのに！」と訴えます。

夕方、香苗が運動会でリレーのアンカーに選ばれたことを話していたことも、気に障ったのかもしれません。そのときは美里もそれを喜んで受け止めてあげました。

幸太郎が学校に再び行き始めたからといって、家族が普通に近い状態で幸太郎に接したのは、時期尚早でした。まだまだ傷は深く、癒しが必要だったのです。

香苗とのやりとりが思い通りにいかなかったのがきっかけで、いじめのトラウマのようなものが胸にこみ上げてきたのです。

いじめと同じような嫌なことを香苗もした、と、幸太郎は感じてしまいました。頭でいくら考えてもダメでした。

そして、ついに「やっぱり学校には行きたくない」と宣言しました。

「ママと一日中ずっと、六時間目まで眠っていたい」

こう言った後、すぐに翻しました。

「やっぱり学校には行くけど、保健室で六時間目まで過ごしたい。みんなが帰ってからクラスに行ってみて、野村先生や校長先生と話をして、保健室にランドセルを取りに行って帰る。クラスが普通の良いクラスになってから戻りたい。少しのことでもどうしても傷ついてしまう。こんな俺でも大丈夫なクラスになってから戻りたい。今はつらい思いや、嫌な思い、怒りの気持ちとかが心のコップをこえてあふれてきちゃうんだ」

やはり普通には飛べないほど、幸太郎の羽は傷ついていました。

頭の中でも難しいことを考えて悩んでいました。そして、とても疲れていました。

美里は「考えすぎちゃダメだよ」と伝えるのですが「考えなくていいの？　じゃあ、今までのことは全部ムダだったの？」と、その言葉を幸太郎は素直に受け入れられません。夜はなかなか眠れず美里が添い寝して、眠りにつくまで付き添いました。


五月十二日の木曜日。この日も朝、野村先生がマンションまで迎えに来てくれました。

学校に行くことすら渋る幸太郎。マンションの共用玄関で好きな虫を見つけ、それを持って行くことを条件になんとか登校することに同意しました。

私は「甘えるな！　元気だして教室に行きなさい！」と強く言いたくなる衝動にかられました。昔の親だったら、迷いなくそう言うのかもしれませんが、私は迷っていました。

私たちはこの日、学校に定期的に来ているカウンセラーの高田真由子さんに会うことにしました。家庭でどのように幸太郎と接すればいいのか、相談したかったのです。

一時間後、校長先生にも再び面会し、幸太郎の立ち向かったことについて、学校としてなんとか評価してくれるように検討をお願いしました。

話し合いの最中、隣の教室で野村先生は、運動会のダンスの練習を個別指導してくれました。

幸太郎に立ち直ってほしい……。私たちも学校側も気持ちは同じでした。

いじめの前は夜八時すぎには眠っていたのですが、この日も幸太郎は九時半まで起きていて、美里に話をしました。

幸太郎はまず、ソファーで話を切り出しました。

ようやく再登校できた二日目くらいに幸太郎がダンスの練習を皆から離れてしていたのを見つけたある女の子が「なんで後ろでやってたの?」と〝強い口調〟で聞いてきて、野村先生に言ったら、「あれが〝強い口調〟だった?」と返されたそうです。

次に洗面所に座り込み、苦しそうに言いました。

「学校中の先生たちの普通の顔を見たいんだ。先生たち、みんな笑ってくれるんだけど、どれが本当の顔か、わからないんだよ。先生たち、こんなお願い聞いてくれるかなぁ」

真剣です。自分がいじめを受けたからといって「特別扱い」されたいわけではないということのようです。

その話を終えると、眠る時間だったのですが、寝るのを嫌がり、「いろいろ考えたから、話をもっと聞いて」とせがみ、「できたらメモしながら聞いて」とも言いました。「じゃあ、昨日みたいにお話してから寝ようね」と、今度はテーブルについて話をすることにしました。

「俺さ、いろいろ考えたんだけど……」と、幸太郎は言葉を探しながら話し始めました。

●いじめてきた人には、「自分はなんでもできてるな」って思っても、「本当にそうかな」って考えてもらいたい。
●いじめてきた人には、もうちょっと自分を信じてみてほしい。自信を持ちすぎると間違ったことをするかもしれないけど、一回だけ信じてみたら、ちょっと変わるかもしれない。「生まれただけでも嬉しい」って思ってほしい。
●心配なことが一つある。この事件って、直るかな？　本当に頑張らなくちゃならない。祥子の力が教室の全部を動かすかもしれないから。だから、直るかな？　直らなかったら、やばいよ。
●いじめる人は、自分以外の人が、自分よりよくできていることとかにすごく反応する。よく気がつく。せっかくよく気がつくというういいところがあるんだから、その才能をいいことに使ったらいいのにな。もし、それができなければ、もっと他のことで俺よりも分かるとか、そういうふうなのがいいのにな……。
●やられる人より、それを助ける人って、ある意味かっこいいな。だから俺が一番えらいってわけではないな。
●言葉では表せない何かがあって、ママに言いたいんだけど……どう表現すればいいのかな。今は悪いよりちょっとまし、な感じだな……。最悪よりちょっと大丈夫なくらい。もうちょっとでダメだぁ、みたいな。だから、ここを乗り切らないと終わりだっていう感じだな。だからここが勝負だ。

美里は切り出しました。

「幸太郎は特別扱いしないでほしいって思っているんだよね。その理由を考えてみたんだけど聞いてくれる？　今回のことは『幸太郎がいじめられた事件』とか『大野くんや佐藤さんたちが幸太郎をいじめた事件』ではない。クラス全体が変な方に行っているのを幸太郎が止めた。だから幸太郎は誰かに慰められたり、大事にされたり、守られたりしたいわけじゃない。クラスのみんなにどうしたらいいクラスになれるかを考えてほしい。それが『自分だけ特別扱いしないでほしい』っていうことじゃないかな。どう？」

「うん、そうだよ！　それなんだよ！」と言って大きく頷き、つかえが取れたような表情を見せました。

「さっき、だから表せない何かがあるって言ったでしょ。それはそういうやつなんだ！」

幸太郎は、とてもほっとしたようでした。

それでも寝る前は、「ママと一センチでも離れていると不安になる」と、くっついて着替えをし、それから『50点先生と27人の子どもたち』（さ・え・ら書房）という本を本棚から自分で選び、「何かヒントがあるかもしれないから、これを読んで」と言い、少し読んであげると寝ました。

美里は学校にこのやりとりを報告するための手紙を書き、最後にこう綴りました。

幸太郎は、孤軍奮闘して正義の戦いをした小さな戦士です。傷は負っていますがプライドを持って、闘いの成果を確かめ、見極めようとしています。

先生方がこの戦いについて、奮闘をどう価値づけしてくださっているのか、震える心で見ています。

「先生たちの普通の顔を見てみたい」と言ったのはそういう気持ちからだと感じます。どうか、しっかりと価値づけしてやってください。

つらい闘いが無駄であったと感じれば、傷は拡大し、膿を持ち、本人が言うように〝最悪より少しいい状態〟が〝最悪〟に変わる可能性があります。

今、バラバラなパズルが組み合わさってきて、失われていたピースも見つかってきました。たくさんの苦労の果てに、クラスのパズルが完成する予感の光を感じた夜でした。

五月十三日。再登校五日目の朝です。また野村先生が迎えに来てくれました。しかし、幸太郎は登校を嫌がりました。

私はイライラして、励ますモードから変身して、再び「行きなさい!」と一喝しそうになりました。が、無理でした。

実は、幸太郎は今朝も、午前三時に起きてしまっていたのです。考えすぎて眠れない。完全に睡眠不足でした。昨日は保健室への登校だったので体もほとんど動かしていないこともあったと思います。無理はさせませんでした。

それでも午後、幸太郎は公園に行きました。都会に近いところですが、近くに割と良い公園があります。何人かの友だちにもそこで会いました。たくさん遊び、夕方まで久しぶりに思い切り体を動かし、汗もかきました。でも、そこで、また彼らに「くさい」と言われてしまったのです。帰宅すると美里にそのことを話し、「気にしないよ」とも付け加えました。

ところが、夜になると、気にしました。また眠れませんでした。疲れているはずなのに眠れない。かわいそうな状態が続いていました。

「ふわふわ」と「ちくちく」

五月十四日。土曜日のこの日も登校日でした。しかし、幸太郎は学校には行けませんでした。完全に不登校の状態に戻ってしまったのです。私たちは絶望的な気持ちになりました。

午後三時半、家に校長先生と野村先生が来ました。これまで学校とは努めて静かに冷静に、精いっぱいの対応をしてほしいと願い、我慢しながら対話してきましたが、この日、私たちのイライラは爆発。ついに、怒鳴り声をあげてしまいました。

きっかけは校長の言葉です。「野村先生は、まだ若いので勉強しながら」などと言ったのです。

幸太郎にとっては、これが最初で最後の小学三年生です。練習台になんてされてはたまったものじゃありません。私はついに怒鳴りました。

「野村先生、もっと、もがいてくださいよ!!」

そして図書館から借りてあった菊池省三さんの著書を数冊、「また貸し」することにしました。

「これ、重いのですが先生にすぐに読んで、実践してほしいです」

公務員である教員へ、しかも職場の最高責任者である校長先生の目の前で、いけないことをしたのです。何も言わずに野村先生は本を受け取り、持ち帰りました。私たちも必死でした。

菊池省三先生は、北九州で荒れた学級を次々と再建した「学級崩壊立て直し請負人」です。やり方はこうです。まず学級から追い出したい「死ね」などの言葉を子どもたちにあげさせます。次に、教室に溢れさせたい言葉を「褒め言葉のシャワー」のようにあげて、教室に広めます。クラスの雰囲気を一変させる実践です（『菊池省三流　奇跡の学級づくり』（小学館））。私もこれに強く共感し、今すぐ読んでほしいと願ったのです。

この話には後日談があります。幸太郎が不登校になって初めて行われた「校内見学日」。私は香苗のクラスだけでなく、幸太郎の席が空いたままの三年一組を見に行きました。

すると教室の前には、幸太郎がいた頃にはなかった張り紙がありました。

学級目標：なんでもチャレンジできるクラス
　　　　　困っている人を助けるクラス

集中して取り組むクラス

そんな学級目標の隣に、「ふわふわ言葉」と「ちくちく言葉」が列挙されていたのです。

●ふわふわ……

安心してね。泣かないで。大丈夫だよ。良かったね。疲れたでしょ。がんばって。
がんばったね。おたがいがんばろう。よろしくね。やさしいね。ありがとう。
ごめんね。さいこうだね。ナイスファイト。うまいね。きれいだね。すごいね。
じょうずだね。いいね。

●ちくちく……

うざい。さいてい。カス。きえろ。しね。あいつきけん。ぶっとばすぞ。ふざけんな。
くそばばあ。おまえが入るならオレやめる。あいつ入れたんだ。きもちわるい。
ださ。ださい。じゃまだからあっちいってて。

なぜ、これを野村先生はもっと早くやってくれなかったのか。
そして後者の「ちくちく言葉」は、主に幸太郎に投げかけられたものかと思うと、やりきれない気持ちになりました。

決断

私たちは転校、今のエリアからの脱出を考え始めていました。

学校側にも強く当たってしまったし、幸太郎をきちんと受け入れてくれるだけの改善は見られない。もうこれ以上を期待することはできないのではないか。

幸太郎には気分転換も必要だ。そして自分たちにも必要だろう……。

もう「いち抜け」しよう。引っ越そうか、と夫婦二人で話し合いました。

五月十六日、月曜日。朝、美里が野村先生に電話し、「もうしばらく休ませます。お迎えに来ていただかなくて結構です。またお願いしたいタイミングになりましたら、ご連絡します」と伝えました。私たちは急遽、インターネットで転校先、転居先を探し始めました。

五月十七日。都内にある「おりがみ会館」に朝から出かけました。幸太郎は、とても楽しそうに作品を見たり、折り紙を作ったりしていました。夕方には友だちとも遊びました。

しかし、夜はまた眠れません。呼吸も苦しい状態になりました。

不登校。不眠症。過呼吸……。もう限界でした。

このエリアに住んでいると、どうしても自分をいじめた彼らを思い出すと言うのです。

私たちは「引っ越しも考えているよ」と幸太郎に初めて切り出しました。すると、返ってきた言葉は、やはり「今すぐ引っ越ししよう。今すぐここから離れたい！」でした。

五月十八日。夕方公園を散歩。帰宅後テレビを見ていても幸太郎はあまり楽しくなさそうです。夜は、また寝つけません。いつも通り、美里が添い寝をして、リラックスするように促しますが、なかなかうまくいきません。最後はウンウン言いながら疲れ切って眠りました。午後十一時でした。

五月十九日。科学未来館へ行きました。幸太郎は楽しそうでした。手を挙げて発言もしました。踊って楽しむ場面もありました。

帰りにペットショップに立ち寄り「犬を買って！」と美里に無理を言って叱られていました。叱られるとすぐに深く意気消沈します。それをやっとのことで立て直しました。

この頃、自宅マンションの近くの駅を利用する際は、小学校の近くを通らない一つ遠い駅で降りて、そこから歩くようにしていました。いじめっ子たちには一切、会いたくありませんでした。

この日も幸太郎は夜十時半まで眠れませんでした。

うん。引っ越そう。香苗なら転校にもきっと対応できる。

五月二十日。上野の国立科学博物館へ行きました。何度も幸太郎と通ったお気に入りの博物館です。敷地内に美里と入ると、なかでもお気に入りの動物の剥製が並ぶ展示スペースへと駆けていきます。ところが地下にある展示を見ていたとき、急に外に出たがりました。美里と逃げるように外へ。閉塞感が嫌だったのです。

帰り道、幸太郎が疲れを訴えました。

「ママ、幸ちゃんに『がんばって』って言って」

美里が「頑張って」と優しく声をかけると、「ぼくもがんばる。がんばらなくちゃいけない」と自分に言い聞かせていました。

この日も夜十一時まで幸太郎は眠れません。「頭に残った嫌な気持ちが消えない」と訴えます。一方で「まだやらなくちゃいけないことがある。学校に行って、どうしたら良いクラスになるかを、自分の気持ちを、伝えたい」とも吐露しました。

「でも、どうやってやるんだろう?」

そう考えだすと苦しそうになりました。こんな夜がまだ続いています。

五月二十一日、土曜日。世間は「週末」です。平日の午前中から子どもと出かけていると、「え? 学校は?」と周囲から白い目で見られます。だから週末のお出かけは人の目を気にしないで済むので、少し気が楽になります。

美里を少し休ませないといけないと思い、今日は私と幸太郎の二人で出かけます。

幸太郎が以前から行ってみたかったという昆虫の販売店へ行きました。海外から輸入した巨大なカブトムシや珍しいクワガタに二人ともびっくり。

ちょっと遠くの公園にも寄って、遊びました。夕方の帰り道、今後について少し話しました。

「パパ、いつ引っ越すの？」

「うーん。早くしたいの？」

「うん」

「でも、まだ学校でやることあるんじゃないの？」

「ううん。あ、作文書いて、録音してみんなにきいてもらうんだ」

「直接、書いたのをみんなの前で読んで、聞いてもらわなくてもいいの？」

「いいの。もう一生、会いたくない」

「でも会いたくないのは、悪い四人じゃないの？」

「ううん。だって他の人たちもいじめを止めなかったんだもん」

「そうだよね」

もう今の小学校に未練がないことを確信しました。

少しは日中休めたのか、二人が帰宅すると美里から「ありがとう」と言われました。でも夜はまた美里と幸太郎は不眠症との闘いです。

なんとか寝ついたのが夜の十一時。虫刺されによる痒みもひどく、午前三時に目を覚ましてしまいました。着替えて、ベッドからリビングのソファーに移って、朝五時まで美里は付き添いました。

五月二十二日。日曜日の朝、東京都下のとある街へ。ネットで検索していた不動産を家族で見に来たのです。

戸建て、マンション、いくつかを見て回ります。中でも中古の一戸建てで、ユニークな形をした家は予想通り気に入りました。静かな住宅街にあって、日がたっぷりと入り、少しだけ荷物を置ける屋根裏部屋もついています。中に入ると子どもたちは大喜び。遊び回ります。

「犬も飼えるね」

小さな庭も確認して、幸太郎は嬉しそうでした。

実は近くの私立小学校でこの日は文化祭をやっていました。文化祭を通して、この学校の雰囲気も見たかったのです。このエリアを選んだのは、この私立小学校のことを考えていたからです。自然が好きな幸太郎にピッタリな教育方針だと考えました。

まだその学校への編入も何も決まっていませんが、私たちは、他のお客さんに先を越されまいと、まさに「勢い」で、そのまま不動産会社に戻って、なんと購入の申し込みをしました。

一生に一度の大きな買い物を、これほど即決することになるとは……。自分でもびっくりの決断でした。でも、苦しみから抜け出す大きな一歩になる。そう強く信じ、祈っていました。

マンションへの帰り道、幸太郎は「うまくいくかな……」と心配そうです。美里に体を寄せて、不安そうな表情を浮かべていました。

帰宅後も、「引っ越し」という大きな環境変化を迎えることを実感したのか「ねえ、悪いことしてないよね？」と美里に聞きます。

「全然悪いことしてないよ。幸ちゃんがいい風をうちにも吹かせてくれているんだよ」

「学校にやり残したことはないかなぁ？」

「幸ちゃんは十分やったよ。あとは先生にお任せすればいいんだよ。いじわるな人っているからね。このままだったらもっとひどいことになっていたかもしれないのを幸太郎が止めたんだから。仕事はしたんだよ。『いじわるな人たちは時間をかけて心を耕す必要がある』って校長先生がおっしゃっていたよ。幸ちゃんは、もう担当しなくていいんだよ。そうでしょ？」

「うん」

「広い畑があるとして、幸ちゃんはどれくらい耕した？」

「うーん、半分くらいかな」

「半分くらいか」

「いや、『この畑、耕さないと大変ですよ！　ほっておくと、ひどい沼になるかもしれないですよ！』という看板を畑の周りに何本も立てたんだよ！」

「うん、分かった。そうか！」

そんな会話を経てようやく納得したのか、踵を返して歯を磨きに行きました。

この日も興奮していたのでしょう。夜十時まで眠れません。でも美里の添い寝の末、ちゃんと自分のベッドで寝ました。

それでも夜中の三時にまた起きてきました。美里がすぐに一緒にソファーへ移動します。

朝五時、再び眠ったのを確認して、美里はベッドへ幸太郎を運び、ゆっくり寝かせました。そんな夜の繰り返しでした。

三年一組への手紙

五月二十三日、月曜日。朝は、九時半に起きてきました。不安そうなので、「全部うまくいくよ」と美里が力づけると、「そうかなあ……」と。

夕方、美里は学校へ行き、校長先生と副校長先生に引っ越しについて話しました。そして引っ越しまでの間に、クラスが改善している様子を幸太郎にも伝えてもらえないかお願いしました。「まだ変化の途中で、簡単ではないのでしょうが、私たちはなんとかして彼が頑張ったおかげでクラスが改善した……と実感した上で引っ越せたらと思うのです」

夜、寝る前に幸太郎はまた不安そうな様子を見せたので「全部うまくいくよ！」と美里は安心させるように強い調子で言いました。

不安なのは美里も一緒です。ただ、励まさなければならず、なんとか頑張って明るく言い続けました。

五月二十四日。睡眠不足やストレスで美里がヘトヘトなのを知っている義母が「子どもをどこかに連れて行く」と言ってくれました。

ポストに入っていた友だちからの手紙で、近くの公園の蝶が羽化したことを知った幸太郎は、まず公園に連れてってもらいました。その足で水族園にも足を延ばし、夕方六時すぎに帰宅。義母も一緒にトランプをしたりビデオを見たりして過ごしました。

寝る前、幸太郎はやはり不安になりました。美里はひたすら応え続けていました。

「ママは幸太郎がホントに可愛いよ、大好き。誇りに思ってる」

「うん」

この夜も幸太郎は「もうひとつだけ一人でやることがある」と言います。美里が改めて「もう、一人でみんなの分まで責任とることないよ」と話すと、

「ママ。今みたいな、いい言葉を紙に書いて、毎日一回ずつ読んでくれないかなぁ」

「じゃあ、明日、それをやろうね」

と言って眠りにつきました。

美里はこの日、駅前で財布を失くしてしまいました。帰宅した私にそれを告げる際、

「私、これで気持ちがリセットされた気がするの。なんか吹っ切れた」

自分に言い聞かせるように話しました。それでも夜、幸太郎のいつもの様子を見ていると不安が押し寄せてきます。それをなんとか押し戻そうとします。

自分が吹っ切れれば、子どもも吹っ切れるはず……。

美里は、心療内科を予約しました。


五月二十五日。幸太郎が三年一組にあてた手紙を書きました。


このクラスがバラバラだったので、ぼくはそれがずっといやでした。

どうにかしたいと思って、かかわり出したら、ぼくはとてもつらい目にあってしまいました。

みんなが人をきずつけたことを、だいたいの人が知らないと思います。いじめを中心になってやった人がいて、それからその人たちと一緒になっていじめをやった人がいました。そのことにむかんしんになっていた人もたくさんいました。その全体がいじめです。そしてクラスがバラバラだというしょうこです。

いい人、まもってくれると思った人もいたけれど、△だったり、×だったりになった人もいました。

いやなことをされている時、だれかたすけてくれる人が出てくると思って、やってみたりもしたけれど出ませんでした。ぼくは本当にいやでした。きずつきました。もう、こんなことはぜったいにやめてください。

このクラスには、ぼくにやさしい言葉をかけてくれた人もいたけれど、ちくちく言葉の方がおおいです。それから、無関心の人も多くなってしまいました。それがバラバラのげんいんです。

ぼくが今回やったみたいに、クラスで何かじけんがおこったら、先生とクラスのみんなで、カチャガチャになりながら話し合わないと、三年一組はよくならない。このままだと大人になった時、こまったことになる。

みんなが心をかえれば、良くなれると思う。もっともっと良くなるはずだと思う。でも、かんぜんな○の人は、このよにはいないと、ぼくは分かりました。

ぼくがこんなに一生けんめいやったことを、むだにしないでください。朝の会につけたして、まず黒板にみんなで手をあげて、ふわふわことばをたくさんかいてください。そのどれかを二十回くらい友だちにじっさいに言ってください。

こんどぼくは、ひっこして、てんこうすることにしました。

家族みんなで、ぼくたちに合った町や、すみごこちの良い家を見つけたからです。みんなにつたえたいのは、ぼくがこうさんしたからひっこすのではないということです。ぼくのてん校をきっかけに、みんなも心をかえてみてください。

みんな少しははんせいしてくれたのかもしれないけど、これからもがんばってください。

手紙をもって美里が学校へ行き、野村先生や校長先生、副校長先生と短く面談しました。校長先生からは、今日、「学級立て直し」についての研修を受けてきたことを聞きました。気が付いたことがいくつもあったそうです。

学校としては、「四月二十二日の時点での対応の悪さがあった」と認める発言も、校長からありました。その日は、いじめを野村先生に訴える二度目の面談を行った日でした。「気づきがなかった。最初の三週間が非常に大切だった。つらい思いをさせてしまった」と。謝罪も改めてありました。野村先生には、これから一人ひとりをきちんと見ていくことがいかに大事かを伝えていました。

美里からは、学級崩壊があったことを認めていただきたいと伝え、幸太郎に野村先生や校長先生から直接「価値づけ」の言葉が欲しいと改めて強くお願いしました。それが幸太郎を立ち直らせるのではないかと考えていたからです。

最後の登校

五月三十一日、火曜日。引っ越しの時期が見えてきました。あと一カ月です。

残りのひと月で何をするのか、自分たちの頭も整理したかったので、美里は校長先生に手紙を書きました。

今、本人は不登校や引っ越し・転校で、友だちに悪いことをしたのではないかと心配しています。決してそうではなく「クラスや学年が良い方向へ向かうきっかけになったよ。ありがとう。」という幸太郎への価値づけが、どうしても必要です。その評価・価値づけがなされないと、「いじめ・不登校・引っ越し」への罪悪感や、消化不良に悩む可能性が非常に大きいと考えます。将来に悪影響を与えると考えます。

私たち一家も今は引っ越しについて極めて前向きに捉え、幸太郎には「ありがとう。手狭だったマンションから、ちょうど良い住まいへの引っ越しにも繫がった」と伝えています。幸太郎もそのように価値づけされると安心するようです。

当初はなんとか再登校ができないかと模索していましたが、それを諦め、このような結果となりました。私たち一家の中では総括できましたが、野村先生をはじめ学校におかれましても、一連の出来事についての総括をお願いしたいと思います。

ここまでなんとか来られましたこと、先生方に大変感謝しております。失礼をどうかお許しください。

最後は気持ち良く、出発したいと思っております。心より、よろしくお願いいたします。

ついに私たちは再度、幸太郎を登校させることにしました。

もう復帰しないと決めた小学校ですが、クラスの改善のため、そして「やり残した」感を払拭させてあげられたらという思いからでした。

六月二日、木曜日。再登校に向けた手紙です。

明日、六月三日、金曜日の二時間目、幸太郎を校長室に連れてまいります。

夜、幸太郎に登校の件を話しました。クラスに行く気でいます。

「おれも、背負ったリュックをおろすか！」と、元気よく言ってみたりもしました。「もっとはやくおろしちゃえばよかったけどな、でも、やらなくちゃいけない仕事だったしな。よかったんだな、これで。それにいろいろ分かったしな。（この出来事の）おかげで、ってことも言えるな」、と言ってみたりもしていました。

それでも寝る前になり「（自分の心は）本当に大丈夫になるかな」と心配していましたので、「もうここまで頑張ったんだから、大丈夫にならないわけがないよ」とやさしく言って聞かせると寝つきました。

これまでに学校に提出した様々なお手紙を、もう読み返したくないと思っていたのですが、今朝、ぱらぱらと見てみました。

小さなメモに幸太郎の言葉を書きとったものがあり、「机に手が触れただけで、『さわるな！』と言われる」というものがありました。胸がぎゅーっと締めつけられます。

このような厳しく痛い言葉のシャワーや態度を、たくさんあびた四面楚歌の幸太郎の心の傷とつらい記憶を思うと、明日、クラスのみんなの前に立つ幸太郎がどれだけの壁を乗り越えて、そこに至ろうとしているのか改めて思い、苦しくなります。

そして「自分の心は本当に大丈夫になるかな」と心配している幸太郎の気持ち、痛い、痛い、痛いほど、わかる、と思いました。

そのことを再度、先生方にお伝えして、明日、幸太郎をよろしくお願いいたします。

そして六月三日の金曜日、幸太郎は学校へ行きました。用意していたあの手紙を、一気に読み上げました。

幸太郎は転校を決めて、こうして宣言した後も、クラスのことを深く考え、頭を悩ませていました。小学三年生で幼いところだらけの幸太郎です。気持ちを少しでも軽くしてあげられたらと思い、私は「考えすぎるなよ。クラスのことは気にするな、大丈夫だよ。きっと」と言いました。すると「パパは分かってくれていない」とはっきり言ったのです。

私は「自分の接し方を見直さなければならない」と改めて感じました。「気にするな」と言うのではなく、やはり幸太郎の心に寄り添ってやる方が、彼を支えられそうです。

私もいろいろと反省しながら幸太郎と接していました。

うまくいかないことだらけです。ストレスもたまっていました。

もちろん美里はそれ以上のストレスと睡眠不足による疲れを感じていました。

この頃、校長先生から幸太郎に二通の手紙をいただきました。

「二通とも、まずはご両親様で確認していただき、必要と判断されたときに幸太郎さんにお渡しください」との文面も添えられていました。

幸太郎くんへ

きせつは梅雨に入り、くもりの日が続いています。

六月四日は、がんばって学校に来てくれてありがとう。幸太郎くんは、とってもむずかしいお仕事をしてくれたのですから、きっととっても緊張していたのではないかなと思っています。それでもがんばってクラスをよくしようとお手紙を読んでくれてほんとうにありがとう。学校に来てくれてありがとう。

まだ、クラスはざわざわしてしまうことがあるけど、後のことは先生たちにまかせてね。幸太郎くんががんばってくれたのだから、先生たちも一生懸命にがんばって、三年一組を、そして三年生を、そして学校ぜんぶをいいクラスにしていくよう努力していきます。

きのう、空を見上げると、なんと、四羽の緑色で大きいインコの種類の鳥がいました。まるで屋上で遊んでいるかのように、四羽がなかよくしていました。理科の先生のお話だと、飼われていたインコが野生化した鳥だと教えてくださいました。東京でもたくさん野生化したインコが繁殖しているのだそうです。

鳥たちを見ていたら、幸太郎くんの顔が浮かんできました。ああ、幸太郎くんは鳥が好きで、そしてすごくくわしかったなあと思いました。今度、鳥のお話をまたしてくださいね。

今日は、ありがとうの気持ちを伝えたくてお手紙書きました。

幸太郎くん、ありがとう。

まだ習っていない難しい「繁殖」などの漢字には一つ一つ、丁寧に仮名を振ってくれていました。そして手紙の最後の部分には、四枚の写真をカラーでプリント。

幸太郎のことを考えている気持ちは伝わります。

そして二通目には……。

幸太郎くんへ

幸太郎くんのお手紙を担任の先生が読んだり、校長先生がお話をしたりしたときのことを思い出して、お手紙書くことにしました。

この日、担任の先生と三年一組のみんなで「ちくちく言葉とふわふわ言葉」について話し合いました。それから幸太郎くんの手紙を担任の先生が読みました。その後、校長先生から、次のようなことを話しました。そして三年一組のみんなの言葉も思い出して書きました。

今、みんなはふわふわ言葉とちくちく言葉についてしっかり考えましたね。鈴木さんの手紙を聞く態度も、真剣で一生懸命に考えていることが分かりました。

四月のころの鈴木さんの様子をお話します。

鈴木さんは新しい三年一組になってから、このクラスがいいクラスになったらいいなあと期待に胸を膨らませていました。みんなも同じ気持ちだったと思います。

でも、鈴木さんは毎日へとへとに疲れてしまって、元気がなくなってしまいました。なんとなくクラスがばらばらになってしまったように感じていたそうです。ちくちく言葉がふわふわ言葉より大きくなってしまったように感じていました。だから、鈴木さんはどうにかしたい、いいクラスにしたいと思うようになりました。

ちくちく言葉とちくちく心は教室をイヤな空気にしてしまいます。そして、ちくちく言葉は、特にやさしい子の心を傷つけてしまいます。だから、鈴木さんの他にも困っている人もいたのではないかと思っています。

そんな中、人を傷つけるような言葉を言ったり、からかったり、笑ったり、無関心になったり。鈴木さんはみんながそんなふうになってしまったと感じました。だからくたくたになってしまったのです。一人に大勢がからかいの仲間に入ってしまったことも悲しみを大きくしました。

鈴木さんは、いじめはいけないことだと思っていました。みんなもきっといじめはいけないと分かっていると思います。いじめはいけない、許さないと力強く思っていたけど、鈴木さんは自分がいじめられると、心が傷ついてくたくたになってしまうことにも気がつきました。もう、何も考えたくないと思ったかもしれません。それでも、クラスを安心して過ごせるいいクラスにしていきたいから、勇気をもっていじめのことを先生に話すことにしたのだと思います。

鈴木さんはクラスがこれ以上、おかしくなるのを止めようとしてくれたのです。鈴木さんは弱いからいじめられたわけではない。弱いから学校にこられなくなったのではない。鈴木さんの勇気のおかげで、今、みんながふわふわのクラスにしていこうと歩きはじめました。

今回のことは、鈴木さん一人がいじめられたということではなく、クラスの問題、学校の問題だと先生は考えています。ちくちく言葉は、あっという間に大きく大きく広がっていくからです。鈴木さんはとても難しいお仕事を三年一組のために、そして小学校のためにしてくれました。ほんとうにありがとう。

その後、三年一組がいいクラスになるために話し合ったり、いろいろなことを考えたりしていると担任の先生から聞いています。そして、みんなのことを見ていて、みんなでがんばっているなと感じています。

教科書を間違えて見てしまったとき、「あー見ている。いけないんだ」と強く言った二人に「まちがっただけだよ」「全員で全員をせめてはいけないよ」とふわふわ言葉で伝えた人がいることを、校長先生は知っています。

鈴木さんのことがあったから、よりよいクラスにしていくために考えていくことができましたね。みんなでいいクラスをつくるきっかけを、鈴木さんはつくってくれました。

鈴木さんは今、「逃げているのかな？」「みんなに迷惑をかけているのかな？」「みんなは自分のことを身近に感じているかな？」と心配しているそうです。

みんなはどう思っていますか？

「逃げていないよ」「迷惑なんてかけていないよ」「クラスの大切な友だちだよ」と三年一組の子はつぶやいたり、首を振ったりしていました。

続いて先生から言いました。

鈴木さんがいたから、みんなで考えることができるクラスになったね。みんなが安心して過ごせるクラスにしていこうと考えたね。

鈴木さんは虫が好きだよね。鳥のことも詳しいんだよ。

子どもたちは「知っているよ」と、大きくうなずいている子がたくさんいました。

家族みんなで、鈴木さん一家にあったまちや学校を見つけたので、引っこすことになりました。転校することになりました。

今は、小学校をお休みしているけれど、新しい学校でがんばりたいと思っているそうです。決心したそうです。今の小学校でのお仕事はもう終わらせて、次のステップに進もうとしています。次にいく学校にちくちく言葉があったら、また、勇気をもってふわふわ言葉にかえていこうという勇気をもっています。

引っ越しが決まったけど、一学期が終わるまでは鈴木さんは大切な仲間です。

新しい学校に行っても、やっぱり大切な仲間です。そう思ってくれる人？

みんながきっぱりと、しっかりと手を挙げました。先生は、イソップ物語を話しました。


池の中の勇気あるカエルは言いましたね。

「君たちは、遊びのつもりだけど、私たちにとっては命に関わる問題です。いじめを受けているのと同じなのです」

鈴木さんは勇気をもって「石を投げないでください」と言ったのですね。

この小学校の三年一組にとっての石って、なんだったのでしょう？

子どもたちは、

・ちくちく言葉
・ちくちく態度
・無関心の態度
・助け合わない態度
・ふざけにつられてしまう態度
このようなことを言っていました。

鈴木さんの「石を投げないでください」「いじめは心を傷つけるんだよ」という投げかけがあったから、三年一組はいいクラスになってきたね。

でも、まだ池の中は少し住みづらいところもありそうですね。まだあるちくちく言葉をなくして、今のいいところをいっぱい伸ばして、三年一組みんなが直していけばもっともっと伸びていけるのではないかと校長先生は思っています。みんなで話し合って解決していってほしいと思います。

そして、鈴木さんにも報告していこうね。クラスを見てもらおうね。

鈴木さんは今も仲間だよね。鈴木さんに会ったら何て伝えよう?

何人もの人が手を挙げて発言しました。

・鈴木さん、頑張ってくれたんだね。
・いじめをなくしてくれて、ありがとう。
・みんなで話し合って、少しずつ悪口が減ってきているよ。
・ちくちく言葉が減っているから、安心してね。
・悪口言ってごめんね。
・ちくちく言葉を言う子がいたら、みんなで考えるようにしているよ。
・今度困っている人がいたら、きっと助けるからね。
・一緒に遊ぼう。

「ごめんね」「ありがとう」と伝えたい子がたくさんいました。一緒に遊びたいと思っている子もたくさんいました。

そして、授業が終わると、ある女の子が校長先生のところに来て「もう少し、伝えたいことがあります。鈴木さんは三年一組の大事な一員だよと、鈴木さんに伝えてほしいです」と話しました。他にも泣いている子がいました。

「鈴木さんがこのクラスから転校してしまうことが悲しい」

机に伏して泣いている男の子もいました。みんなが周りに集まって「幼稚園から一緒だったからさみしいね」とつぶやいていました。

六月一日に幸太郎くんのお手紙を読んだときの様子です。思い出して書いてみました。

私たちは、この手紙を幸太郎に見せることにしました。
でも、幸太郎は、まだこの手紙を素直に読むことはできませんでした。

犬を飼おう！

幸太郎は、犬を飼いたがっていました。姉の香苗もです。一軒家なら犬を飼えるんじゃないかと言います。
私たちは、ちょっと時期尚早かなと思いましたが、本気で検討して、二人ともかわいいと推薦した柴犬に決めました。
私は、一筆書いてもらえないか、幸太郎に提案しました。
すると、書いたのです。

六月二十三日

夏休みが終わったらまた学校に通います。犬の世話をしっかりやります。

鈴木幸太郎

ちょっと強引な提案かなと思いましたが、サインの横には、「ぜったいやる」の文字を添えていました。

「絶対通う」ではなく「絶対世話をやる」の方でしたが、思いを受け止めました。

七月七日。私たちのストレスは引っ越してからも続いていました。

そうしたなか、前の小学校から紹介されていたカウンセラーの高田真由子さんは、引っ越した後も、わが家を大きく支えてくれました。

この日、夫婦で再びカウンセリングを受診しました。

美里　先週、引っ越しました。その後、編入を考えていた私立小学校の校長先生とスクールソーシャルワーカーとも話しました。

私もまだ幸太郎を学校に戻すことはちょっと難しいと思っていたのですが、やはり私立小からも「多分無理でしょう」と言われました。フラッシュバックが編入初日の一時間目から起こるかもしれないということで、編入試験は受けられませんでした。きっと今、幸太郎は自分へのいじめだけでなく、クラスのあちこちのちくちく言葉にも反応してしまう状態にあります。そういう子をクラスに入れない方がいいだろう、ということです。

まずは籍を公立小に置いて、その先は状況を見てでいいのでは、と。私たちもそうだろうと思いました。そこで、近くの公立小の副校長先生に電話して、「二学期から長女も長男も籍を置かせていただきたい。長男は心に深い傷を受けているので、すぐに登校できるか分からないのですが、サポートを受けながら……」とお伝えしました。すると副校長は「サポートと言われても、お迎えには行けないですし、普通のことしかできませんよ」と。

高田　ご長女は考えて、家族全体のことも思って——弟さんがあんな思いをして家族で引っ越しをするし、自分だけが前の小学校に通うと家族の気持ちが切り替えられない、ということで転校を決めたんですね。ご長女も家族思いですね。でも、まだ揺れ動くこともあるかもしれないから、その気持ちに付き合ってあげてくださいね。

幸太郎くんも苦しいね……。動いてみて感じることもあるし、これだけ大きな決断をして動いたけど、まだまだ苦しみの中だしね。

どれだけ傷を受けるかは、本当に子ども一人一人、全然違うので。だから、ご長男が想像よりもっと深い傷を受けていて、苦しい思いがどれだけ蘇っているのかは、計り知れないものですよね。彼自身も分かっていなかったと思う。だけど一つ一つ切り離してもらっても、自分が元気になれないから、明るい気持ちになれない。それでまた落ち込むという状況です。家族にこんなにしてもらっているのに、家まで買ってくれたのに、自分がどうしてもそこに行けないということに、今度は違った不安や怒り……、違うものが生まれてくる。

なぜこの話をするかというと、それでいいんだよと、それが当たり前なのだということをご両親には思ってもらえたらと。

美里　そうですね。引っ越して、前の家で使っていた家具を、置いてみたんです。そしたら幸太郎は「前と同じになっちゃった」と苦しそうに言いました。そこで私たちは、カーペットもカーテンも新しくしました。机の色も自分たちでペンキを塗りました。

高田　すごい！

美里　私たちの趣味と違うものにしたんです。「チェンジだ」って。緑にしました。森の色で。「木の色が落ち着く」とか「自然はいいよな」と言うので。幸太郎の言うことを優先したんです。他にも例えば、前の家のお風呂で使っていたシャンプーボトルを見ても当時を思い出すので、それも全部変えました。しかも「大変なことをしている」という感じではなく「ケロケロ」って軽い感じで対応しました。ペンキ塗りも「面白いね」とか言いながら家族でやっています。ソファにも緑のカバーをかけました。

幸太郎は「そろそろ晴れるはずだよ」って言うのです。そのいい流れのタイミングで、公立小への編入の話をしたんです。「公立小に籍は置こうか」と。「だけど絶対に行かなきゃっていうんじゃないんだよ。ちょっとずつでもいいんだよ」と。そしたら「えー、もっと考えてから決めようよ。犬を飼ってからにしようよ」と。

高田　晴れるはずだと思っているし、晴れたらいいのに、と思っているんでしょう。だけど「頭で思ってから実際にそうなるには、時差があるみたいだよ」ということも幸太郎くんに伝えてください。「思ったことが実現するには時間が必要みたいだよ。だけど早く晴れたらいいと思っているんだよね」と気持ちは受け止めてあげてほしいのです。

真治　そうですね。それで、二学期もうすぐだって時期になったら、そのとき、「一日一時間だけでもいいよ」って言うかどうか。どうでしょうか？

高田　幸太郎くんにとって二学期が始まるのはドキドキします。「やっぱり行くのか……」といろいろ考えます。朝になったそのときに「よし！」となるかどうかは、夏をどう過ごすかによります。だから今の時点では、たくさん言わなくていいと思います。とにかくこの夏は元気に過ごそう。学校が始まる前に、どうするかを話したらいいのではないでしょうか。この夏は宿題もナシ！　ということでいいじゃないですか。彼にはなんの宿題もナーシ。「元気に朝起きて、遊びに行って、犬と過ごすのが宿題だね」としておく。

夏休みが終わったら、手続きがいろいろと必要になると思うので、そのときの表情、様子が見えたら「あ、行って帰ってくるだけでもいいよ」とか。それはご両親が分かるると思うので、そうならそう伝えてあげていいと思います。日に日に様子は変わるし、その家での四人の生活が楽しいものになったら、「いやあ、ここに来て良かった！」って。そうなったら「自分のために来た」という重い感覚が少し薄まるんじゃないですか。

真治 引っ越し自体は、どうだったのですか？ 良かったのでしょうか？

高田 引っ越した後の話を聞くと、やはりいろいろと思い出していたみたいですね。シャンプーのボトルの話とか。それを聞くと、やっぱり引っ越してあげて良かったと思います。毎日を過ごしながら、絶え間なく苦しい波がやって来るなら、彼の心が穏やかになるためには良かったのではないでしょうか。

真治 前の学校でやるだけはやれた、ということは、うまく意識づけできたと思います。それでも「逃げたんじゃないよね？」とも言うんだよね、まだ。

美里 「本当に良かったのかな？」と言ったので、他のお母さんたちからもらった手紙に「幸太郎くんが命がけでやってくれたことを私たちもやるから」って書いてあったことを話してみたんです。そしたら「オレにはこういう役割が来ちゃうんだよな。でも、もう一回やってもいいと思っている」って。でも同時に「逃げたんだよな」という言葉も……。「自分はやり切れたのか？」という気持ちが、かすめているんです。実際にあっているんです。まだ三年一組ではいろいろと問題が起こっているようなん

高田　です。担任の対応を見て校長が止めるなんてことがまだあるんです。だから確かに道半ばで逃げた、というのが状況としてはあっていて。どう言えばいいのでしょう？「人はみんな弱いから、すぐには変われないよね。でも幸太郎くんが変わるきっかけを与えたんだよね。それを今、続けているんだよ。一瞬で変わるのは、もしかしたら本物じゃない。だからそれをやり続けることが大事だよね」と。だって、変わろうと思ったって、全部、すぐには変われないですものね。人は。だから続けるってことが大事だということを、ママなら話してあげられるんじゃないの？

真治　「自分がクラスにやったことは、本当に良かったのかな」と言うのでしょ。そしたら「良くなかったって思うことがあるの？」って聞いてあげたらいいんじゃない？

高田　こっちはすぐ「良かったんだよ」って、答えを言っちゃうものね。

真治　「良くなかったのかなぁ」という、その思いに付き合ってあげたら？

高田　そういえば、近々、本当に犬を飼うつもりですが、大丈夫でしょうか？

真治　素晴らしい。大変だとは思います。だけど鈴木家では今、家族四人がいつも向き合っているでしょ。犬が来ると、同じものに目を向けられる。それはいい時間かも。

高田　音楽療法とか薬物投与などは、どうでしょう？

真治　彼のパニックや緊張が大きくて、不安定な状況が継続的に訪れるのなら医療に関わるのもあると思うけど、ご家族との関わりで落ち着いてきているようなら、医療に関わることで、彼が否定的に自分を思うことになります。つまり、薬物投与にはメリットとデメリットがあるのです。ただ、彼の中でフラッシュバックがもし頻繁に起こっているなら、まったく試さないわけではないですけど、今の時点では、すぐに医療にかかった方がいいとは思いません。

美里 テレビで、たまねぎをむいて、置いておくと眠れるってやっていたので、試したりもしています。だけど、確かに医療は、「オレ病気なの？」となると思うので。

真治 ところで、仕事ばかりで父親不在の子育て。まさに私もそうなんですが、どう子どもと向き合えばいいでしょう？

高田 私は子どもっていうのは、結構、家庭の状況をよく把握していると思うんです。家庭の中のそれぞれの役割があるじゃないですか。お母さんは直接、子どもに向き合って関わる。ご飯を作る。だけど土台としてお父さんが支える。経済的にちゃんと収入を持ってくる。それは家庭にちゃんと向き合っていることだと思うので。お父さんの気持ちが家庭から離れて、関心がなくて、ただただ役割としてお金を持ってくるだけなら子どもは感じると思いますけど、こうして家を替える、柴犬を飼える、そしてお母さんをサポートしているのは、子どもに伝わると思います。それでいいと思いますよ。今は、それ以上は諦めた方がいい。なぜって今の幸太郎くんは、やはり父親ではなく母親。これだけ不安になって、父親との関係が希薄だから母親に行くのではなく、母

真治　親の愛情のあり方の方が安心するから母親に行くので。
高田　もう少しエネルギーがあって、元気があって、目的があって、何かやるなら父親に来る。今は違う。だらだら父親に甘えるというのは変でしょ。子どもが一歩外に出て行くというときには父親の役割もあるけど、今は違うから。
真治　赤ちゃんのときと同じだ。
高田　何度となく奥様をサポートしているということは、お話からも出てきているし。あと、私の母、幸太郎のバアバとの付き合い方も難しそうなんです。実はこの週末も一緒なんで、大丈夫か不安なんですが。母にはなんて言えばいいかと……。なんとか上手くやろうとするのは諦めた方がいいです。きっと何か起こるに違いないと思っておいた方がいい。で、後で幸太郎くんをフォローする。事前に何かが起こらないように、というのはとてもじゃないけどできないので。
美里　一緒に泊まると、たぶん幸太郎は眠れずに、ぐずったりすると思うのですが……。
高田　それは伝えておいていいと思います。でも、「配慮してやってね」っていうのはバアバにとっては難しいんですよ。何をどう配慮していいか分からないので。彼の行動で「え、どうして」と思うことは「今はわがままではなく、症状の一環なんで、そこは目をつぶってね」とだけ言っておいたらいいのではないでしょうか。
美里　それから、例えば今、ホームセンターで売っている鈴虫が欲しいんです。柴犬、そして鈴虫。一つ一つ深～く考えがいっちゃうんです。そのことしか一日中考えられないほどです。これまでもそうだったんですが、今は特にそうなんです。
で、鈴虫についても「本を作るんだよ。コンピューターで作るような本格的なのを作りたいからインターネットで調べてよ。みんなが驚くような本を作りたいんだ」と。
でも「ママでも難しいよ」って伝えたら、「ウー」ってなっちゃって。
そのときパパが帰ってきて「なら、写真屋さんで手伝ってもらったら」って連れて行った。そしたら幸太郎、すごくスッキリしたみたいでした。

高田 そうそうそう。そのときがパパの役割なんだよ。

美里 あと毎日の生活のことについてなんですが。朝、元気なときは「早く起きてきなさい！　着替えてきなさい！」って、いつも三回目には厳しくやってきたんです。でも今は、そう言うとズーって落ち込んで、一時間近く立ち直れなくなることがあるんです。「なんでママにちょっと怒られただけで、どうしようもなくなるのか……」と本人も思っているはずです。幸太郎は今、人の悪意とかにものすごく敏感なんです。

高田 そうだね。アンテナが大きくなっているからね。

美里 甘やかすのがいいのですかね？　着替えることをさせず、朝、パジャマのまま目玉焼き……でもいいのでしょうか？

高田 どのくらい苦しいか、だね。やっていいとは思うけど、それを許したら、グダグダになるよ。行き着くとこまで行き着く。そこまで覚悟できるなら、その道でもいい。だけど中途半端な覚悟じゃまずいので。今すぐ答え出さないで、よく考えて。家族のルールだから、そこは頑張ってほしいと言いたいなら、言ってもいいと思いますよ。

真治 最後の質問です。お風呂は、トラウマなのか、今も嫌です。シャワーも面倒くさがります。そこで、水風船を作ったりして、できるだけ家族みんなで入るんです。あと、二階の自分の部屋が暗くて、行くのが怖いみたいです。

高田 まあ、そうだよね。それなら「思い切り明るくしようか」と、彼の言う内容に応えてあげたら？　動きとしては最終的に何もしなくても、気持ちには付き合う。困ったね、と。十分にアクセスしてあげるのがいい。すると、子どもは豊かだから折り合える点も見つけられたりするので。

お風呂は外に出なければ、一日くらい入らなくてもいいですよ。お風呂イヤなのは、幸太郎くんにとってお風呂に入ることに価値がないんですよ。お姉ちゃんと入るとか、違うことに気を向ける工夫しかないんじゃないかな。入りたいという気持ちになることは、当面ないと思いますよ。

このように、高田さんとは定期的に会って、二人は気になる様々なことを質問していました。そして七月二十八日。一般的に「夏休み」が始まる直前にも訪ねました。

美里

大変でした。一学期が終わる直前の三日間くらい、外に行きたがらなくて、対人恐怖ですね。例えば道ですれ違う人に「危ないよ」って言われただけでグーッと落ち込んでしまう。近所のスポーツセンターで子どもとすれ違ってもズーン。学校の横を自転車で通るだけでもズーンと落ち込む。私が「気持ちいいね。楽しいね」と言って自転車で走っていると、あとになって「ママは楽しいねって言ったでしょ、イヤだったよ。全然楽しくないさ」って。

あと、「部屋の中がイヤだ。テレビつけると違う世界があるから見たい」と。あまり見せないようにはしているのですが、気分転換に午前中に一時間だけ。だけど、ずっと見ているのは良くないだろうと。

図書館の本も最初のうちはたくさん借りて、どんどん読む。一応、借りる前に内容を簡単にチェックして、読んだ後「面白かったぁ」となるのですが、後になって、暗く重くなっちゃったりもしました。図書館、しばらく行きたがらなかったのですが、最後の方は学校モノを立ち読みしていました。私が近づくと嫌がるので、遠くで読んでいました。学校については完全に拒絶しているわけではないのですが、触れてみて、触れる度に「ママ、ママ……」となる。

それで、終業式の日を迎えました。私が幸太郎の荷物を引き上げて、三年一組の人たちから手紙を受け取りました。幸太郎は、「学校のにおいプンプンさせて帰宅した姉はイヤだ」とか言っていました。

「成績表は?」と言うから見せました。幸太郎の成績は何もついていないのですが、担任の先生からのコメントがありました。そこには幸太郎がやったことを認めてくださる、いいことが書いてありました。

見せるかどうかと思ったのが、子どもたちからの手紙です。結局見せて、ひどく混乱しました。私が読むと「ふわふわ言葉がおかげで増えたよ」とか、いいことが書いてあました。でも彼にとっては、やっぱりあまり分かっていないように思えちゃったみたいです。

その頃ソファに寝っ転がって、初めて「ああ、これで終わりにしちゃおうかな」と言ったんです。「死んじゃう」って。

高田 ああ、とうとう言ったか、と思いました。
八歳の子が「死」を口にするのかなあと。でも前に先生が「ショックなことを言うことはあるけど、それは横においてね」とおっしゃっていたのを思い出して、横に置きながらかまってあげました。

美里 はい。お姉ちゃんの方は、本当に生と死について考え始める時期です。だから幸太郎くんが死を表現するのとは全然違うんですよ。
香苗は「幸太郎がいるから学校のことを話せない。それなら家では何を話題にすればいいの？」と泣きました。終業式の日は寂しかったみたいです。犬も飼い始めたのですが、その犬も「幸太郎の方になついている」と言って香苗は泣きました。それで最近読んだ本の話を香苗に振ってみたんです。そしたら生と死の話でした。幸太郎も一緒に聞いていてシーンとなって。私は「ごめん、やめて」と止めました。

幸太郎は、私か主人の腕を「お守りなんだ」って時々ギュッと掴むようになっています。「あ、幸ちゃん、もう抱っこじゃなくて、それにしたんだね」と言いました。幸太郎は「どうして僕はこんな小さなことで、ママ、ママと言うのだろう、治るのかな」と。だから一か八かで「幸ちゃんは今、生まれ変わってやり直しているところなんだよ。だから赤ちゃんみたいにやっていいんだよ。犬もそうでしょ。いっぱいやったらお兄ちゃんになれるから」と。そしたら「赤ちゃんはイヤだな」と言って、しばらくして腕掴みになったんです。今朝もちょっと不安で、パパとママにつかまって、本人の言葉では〝ミッション〟をやって、気持ちを取り直したみたいです。

高田 幸太郎くんは苦しいね。それを見ているご両親はつらいね。

美里 幸太郎がひきこもりになっちゃうかなと心配です。

悔しさと憤りと

この日のカウンセリングの後、私たち夫婦は前の小学校にも行きました。総括の文書を受け取るためです。しかし、まだ完成していませんでした。それでも学校側との話し合いの場は設定され、校長と副校長との面談になりました。

美里は面談の冒頭で現状を説明した後は、ほとんど会話に参加していません。「学校と話すことはもうない」と美里は思っていました。いや、思い込もうとしていました。振り返るのは、余りにもつらかったからです。

そこで今回は、主に私が質問をぶつけています。

真治　引っ越しについて、僕らは前向きに捉えてはいますが、でも、どうしてこういう状況になったのかという悔しい思いが襲ってくることもあります。僕らも、反省するところはあるかもしれないけど、学校では担任がどう反省しているのか。何が足りなくてこういう状況になったのか。教えてもらいたい。どうしても「別の先生だったら、いじめもなく、大丈夫だったんじゃないか」と思ってしまうのです。どうしても悔しい思いが拭いきれません。

校長　確かに、最初のところでの対応ができたかできなかったかが、大きな分かれ道だったと思います。担任として反省はあるし、私も野村と、どんなことをすべきだったのか、よく話します。本人も、子どもたちのテンションが高い学年変更のところで早く対応して、寄り添ってあげることが遅れてしまったと思っています。

真治 じゃあ、担任が全て悪いかというと、そうではない。一〜二年生のときの担任や指導はどうだったのか。そこをどう捉えるかは大きいと思います。

学校全体としては、どう対応するのか。何が大切なのか。もっともっと細やかに子どもたちを見たり、学級担任を導いたりすることが必要だと思っています。

校長 先日、わが家に校長と野村先生でいらしたとき、「僕も学んでいくよ」と野村先生が幸太郎に話していたのですが、私たちにとって小学校の教育は一発勝負なんです。

「うちの子は先生の勉強の材料じゃない！」と思わず言いたくなりました。

真治 野村本人はね、そういう気持ちではなかったのでしょうが、私たち教員も日々子どもと向き合いながら自分自身を振り返って、できてないところはできるようにしたり。

私も担任をそうやって経験してきましたし、管理職としても今が全力です。振り返るところはたくさんあるので、振り返りを大事にしながらということを言いたかったのでしょう。

でも保護者や子どもが安心できるようにしなければならないですよね。

今回のいじめでは、何が、どう、足りなかったのでしょうか？

校長　野村が本校に来たばかりだったということで、思いがあるのかもしれませんが、学校は組織で動いていくところもあります。特に一年目と二年目。保護者からいろいろな相談を受けたとき、そこがすごく大切で。どうしたらいいのか、どう動いたらいいのか、何をすべきか。経験が浅い教員でも、上手に学級設計している人からいろいろ教えてもらいながら対応することが大事なんです。
特に東京都は相当の数を抱えているので、よく私たちの中では「組織力」とか「チーム力」、そして「報・連・相（報告・連絡・相談）を！」という言葉も飛び交うのですが、私も、ここは共有しなきゃというポイントで、時間がたってしまったりすることもあります。

真治　そこの対応がしっかりできる学校であるか。今回は、そこが欠けていた。そして受けたものをすぐに返すことができなかったということ。ああなる前に、皆で声をかけたり、対応したりすべきでした。初期対応がズレてしまったのが大きいので、そこを教員と皆で認識して、とにかく保護者、学年主任や校長で共有し、早く対応しようと確認しています。そこが一番大きかったと思います。

校長　それは、これまでにもやってきたことなのでしょうが、何が、今回は足りなかったのでしょうか？
四月に入って、より一層、注意しなければならないのですが、四月はいろいろと動く時期なんです。学級経営をしていくときの一番もとになる時期です。例えば「友だちには優しくしようね」と先生が目標を示すとか、いろいろ振り返りながらやる。どんな学級で何が課題なのか、三週間くらいかけて見つめて、話していく。そこがザワザワとしたことで、一番力を注がなければならないときに、できなかった。学年主任も反省しているのですが、全体を見ているつもりでも、出し切れなかった。

じゃあどうすればいいのか。毎年、四月は大変なんですが……。

真治　そうですよね。毎年ですよね。では今回、何をキャッチできなかったのか。具体的に何がキャッチできず、こうなったのでしょうか？

校長　一番は幸太郎くんの変化だと思っています。

今回、相談をいただいてから複数が担当して、教室を見る目を多くしました。四月の段階で若い先生をフォローする体制。これが大事です。子どもたちも緊張する時期でしたし、緊張の出し方は子どもによって様々です。寡黙になったり、逆だったりする。特に野村は他校から異動してきたばかりの教員です。ベテランでも、すごく緊張します。他の教員も思い悩んだりするとも聞いています。誰か一人の能力とかで責任を済ませるのではなく、いかに学校がそこに対応できるのか。これからはもっともっと考えなければならない。

真治　幸太郎の具体的な「変化」というのは？

校長　今回、委員会を設けていろいろな教員と情報のやりとりをしたのですが、一つ事後になったのが、下校を見守る学校主事の話です。

振り返ると、最初の頃、お母さんが相談にいらしたとき、幸太郎くんが一人で下校するのを学校主事が見かけていたんです。四月です。虫を見ているのかなとも思ったそうですが、でも元気がなかったと伝えてくれていました。その情報の共有化が学校でできなかったかなと思います。私たち自身も心を痛めています。

小さな変化とかＳＯＳをどう捉えるか、ですよね。もし幸太郎くんが何らかの解決ができて、つらい気持ちでも学校に通えて、となっていればと思います。大きな気づきがなかった。いろいろな情報があれば対応できたかと。

担任は一番、深刻に受け止めなければなりませんよね。本人は「気づき」ができなかったと反省しています。子どもたちがザワザワしているな。なんとか授業やらなきゃな。一喝してみようかな……。一番いい方法を探っていたときでした。

副校長　一人の子どもに対して、その思いを捉えきれなかったという反省は、いろいろと話す中であります。

昨年度のことについては、特に幸太郎くんがいじめられているというのは、あがってこなかったです。名前があがっていれば、この子は注意しなければとなるのですが。

真治　では学校としては、いつからいじめが始まったと認識しているのですか？

副校長　少なくともお母様の訴えの頃ですかね。最初は個人面談ですかね？

美里　最初は連絡帳です。いずれにしても、それに対する担任の先生の反応は薄かったです。

真治　ということは、学校が把握したのは三年生になった四月中旬以降ですね。うちは？

美里　今思えば、二年生の最後です。筆箱がなくなったり、体育着がなくなったりしていました。体育着は結局、よその子の手提げに入っていた。上履き袋もです。二月か三月か。でも、幸太郎は「なんだろうね」と笑って済ませていました。今思えば「親に心配かけないように……」と思っていたのかもしれませんが。筆箱や体育着は困りますから我慢していたのかな。

副校長　二年生のときの担任の滝沢先生はご存知でしたよ。だけど、情報はあがってなかったのですね？

真治　そうですね。

そのタイムラグなんですよ。情報のキャッチの仕方。早期の対応。それがなかったのではないかと思うのですが、どうしてなのでしょうか？

僕の認識としては、前の学年から学級崩壊していて、三年生になってもその状態が続いて、いじめも付属品として起こったと思っています。

美里　二年生の最後の方で、ある子どもに、ガムテープで口をふさいだとか、足につけたという噂話があったのはご存知ですか？　先生がテープを巻いたと噂になりました。

副校長　はい。滝沢先生に確認しました。彼女は「注意しました」と言っていました。実際に巻いたのは先生ではなく、子どもが自分でやったようです。先生は「あまりうるさかったらガムテープだよ」と言ったそうです。そう言ったことは確かです。で、子どもがやった。

美里　そういう状態なら、ほぼ学級崩壊と言っていいんじゃないでしょうか？

副校長　認識として、そうだといえばそうなんですが。でも、例えば放課後の学童保育に通っている子どもたちが「滝沢先生はいるかな」と職員室を見に来たりと、決して子どもたちと関係が崩れたりしているとは認識していませんでした。

校長　ですが、学級としてどうだったかというと問題はあったと思います。ただ、個人個人としては崩れていなかった。

美里　彼女はこの春、学校を離れたわけですが、離任式のときに泣いている子もたくさんいました。ただ、いろいろ心配することがあったのは確かです。

副校長　私……、そのこと蒸し返すつもりはまったくないんだけど……。ただ、じゃあ先生方は、滝沢先生の指導は大丈夫ということなんですか？　私たちは一～二年生のときの積み重ねで、三年生になって「ドン」と来たと思わざるを得ないのですが。

滝沢先生に問題がなかったわけではないです。いろいろな子どもたちを抱え、指導を模索していたと思います。強く言わなきゃきかない子どもたちもいたり、フォローしたりの繰り返しで……。

真治 指導の仕方がどうだったのかな、適切だったのかな、と思って。子どもたちに指導は乗り移るじゃないですか。「ああ、これでいいんだ」と。

三年生になってそのやり方を友だちに対してやる。いろいろとできない幸太郎がいて、怒ったり、責めたり、締め上げたりする。ちくちく言葉の温床になっていたのではないかと思わざるを得ないのです。

美里 子どもは、怖い父親も母親も愛します。どんなに怖くても愛があれば。滝沢先生は怖かったのですが、子どもたちは確かに愛したのだと思います。でも、教師だから、それでいいのか？　と思わざるを得ません。

校長 きちんと明確には示せないのですけど、三年生になって学級が変わったことで、担任の統率力が変わって。最初の一～二週間でなるべく早くまとめあげなければならないのですが、子どもたちが滝沢先生のクラスでの経験から、野村先生にかわって、お互いの力関係とか、担任の力関係とかを探りながら、ダっと出した感じはあります。それを収めるべきなのですが、収められなかったというのは感じます。

幸太郎くんはいろいろなことを考えながら「今、これを友だちに言ったら迷惑かな」とか、彼も言うタイミングを逃してしまっていたのかもしれません。子どもたちは探りながら、悪いところが瞬間的に出てしまったのではないか。

美里　タガが外れたんですね。小さな自治というか、皆で話し合うような……。例えば「どうして大野くんはこうなのか?」とか。解決しないのでしょうが「どうしてこうなのか」と子どもたちで話し合えたら。それができれば力で抑えるやり方ではない自治が芽生えたのかもしれないのに、というのはありますね。

校長　きっと強さとか怖さで抑えるのは早いと思うのです。だけど何が問題で、その子の気持ちはこうだから寄り添ってあげようとか、お互いに一生懸命考えることはすごく必要です。学級を乱した子、乱された子、原因や理由などが考えられて、叱られる。注意される。低学年はそれでやれるかもしれないけど、大きくなればなるほど反発とかあるので通用しない。一年から六年の見通しをもって、ここでは何をすべきとか、どこで教員が毅然とした態度をとるべきかとか、共通して持っておかないと。先ほどの答えになるか分かりませんが、全ての教員が同じように見通しを持って、一年生の担任ならここまでやる、二年生ならここまでやると。たとえ若い先生が来ても、脈々と一貫性のある教育ができると思います。確かに、担任でも滝沢先生と野村先生では気質が違いますよね。それで、子どもたちは戸惑ったかと思います。

真治　今、思ったのですが、幸太郎が最近、「いい人ってなんだろう?」って言うのです。きっと悩んでいるんです。怖かった滝沢先生がいい人で。だって一年生にとって、担任の先生はロールモデルですよね。その人がギャアギャア言っても、クラスを押さえ込んではいた。それがいいやり方なのかなって思っていたのでは、と。ところが三年生になったら、ゆるっとした野村先生が来て、その先生は締めつけないから荒れるけど「ああ、あれがモデルだったよな」と。何人かのクラスの子どもたちは、ギュッと、トゲトゲしい言葉を使う。それが引き継がれてしまったのかなと。だけど「それが本当にいい人なのかな？　いいのかな？」ということで、幸太郎は悩んでいると思います。つまりロールモデルが崩れて、混乱しているのです。

校長　混乱は確かにしているかもしれないですよね。「ここで先生がこう言ってくれなかった」と。滝沢先生は、確かにガッと言う指導も多々あったと思いますが、全てそうだったかというと、一人ひとりを丁寧に見ての指導もある。ただ、余裕がないときもある。私も担任のとき、運動会、学芸会、そういうときはガッと強く言ってまとめることはありました。

さっきは一貫性があるのが理想と言ったのですが、人間なんで難しくて。今度は、教員の独自性というか、独自性を持っているものの組み合わせですかね。人事ではバランスもあるのですが、子どもに対する影響がどうなのか。特に小さな子にとっては大きいですから。

美里　口調まで真似しますよ。

校長　一～二年生って担任の存在が絶対なんです。「大人の言うことを聞いて頑張ろう。認めてもらおう」と。三年生になると自分も出てくる。友だちも大事。大人と友人関係との中で自分を見たりします。難しい時期です。

美里　「恐怖政治だな」と思っていました。立派な君主は、強権でカリスマ性があって、臣民を仕切って、臣民たちは姿を見るだけで崇めていた、というのがあるじゃないですか。一～二年生のときの滝沢先生はそうだったと思わざるを得ません。

でも着任当時は、保護者に詰め寄られて大変だったんです。当時の校長先生もご存知です。「怖すぎて質問もできない」。「忘れ物も取りに行けない」と。校長先生は「そうですか。学校がイヤになるならひどいですね。指導しておきますね」とおっしゃってました。私はＰＴＡをやっていたので、他のお母さんからも「滝沢先生のやり方を学校は把握しているのか聞いてほしい」と言われていたんです。「そういうやり方の先生が、小さな子どもを受けもっていいのか」とも。分からないなと思いました。でも、それを今言っても仕方ないと思います。

副校長　私はお母さんの意見に反対ではないのですが、学校も一つの社会です。子どもたちにも特性があります。教師もいろいろな人間がいていいかなと。同じ指導しかできないなら発展はできないし、強く指導する先生がいたり、寄り添う先生がいたり。でも、子どもに対して、人権侵害する先生は話にならないのですが。強い指導でも、強権的な暴君になってはいけないのですが、ただ、それで子どもたちをまとめて引き伸ばすのも一つのやり方かなとは思います。

真治校長　バランス、バランス、と言いますが、でも、教室では先生は絶対的な存在ですからね。根底のところですよね。子どもを愛しているかとか。長い目で見ているかとか。強く出るのも、こういう目的、こういう理由があってならいい。ただ、感情的になっての強さなのか、場当たり的な強さなのか、とか。

自分の指導の特性とかを見極めるんですけど、授業と一緒で目標や目的があってですね、そこは今後もいろいろな教員としっかり話さないといけないと思います。振り返ってみて、感情的だったとしたら、違う形でやらないと恐怖になってしまうので。だけど、学校は行かなければならないところですし。子どもは自分に合ったクラスに行けるかというと違いますけど。ときには厳しく言わなきゃいけないときもありますよ。

美里　滝沢先生のこともいろいろと聞いて、いいところもあると私は他のお母さんに伝えていました。

運動会の練習もあって、幸太郎が学校に行きたくなかったとき、私が羽交い締めにして連れていったんです。別の先生がいらして、その先生から幸太郎は喝を入れられたんです。「幸太郎くん、これからもっと大変なことがあるのよ！　そんなグダグダしていたらダメなの！」と。そこに滝沢先生がいらして「幸太郎くんは、そういうやり方ではダメなんで」と、耳打ちしてくださっているのを見ました。

当時の校長先生には、そのことも言いました。お母さんたちにもそれを話していた立場でしたが、今振り返ると、私は甘かった。自己欺瞞がありました。もっと先生の危機を見て、強く言うべきでした。

だから教頭先生のおっしゃるような考えではありません！

いろいろな先生がいらして当然です。でも限度を超してはいけないと思います。

十分、じゅうーぶん、二年間、我慢したつもりです。はい。

私、この席、退席させていただきます！

副校長 申し訳ありません。言い過ぎました。

突然、その会合は終了となりました。特に副校長の言葉に美里が激しく怒り、立ち上がってしまったのです。最初から「学校とはもう話しても意味がない」と言っていたのですが、その場にいることが精神的にもつらくなってしまったのです。

私の提案で「総括したものを書いてもらおう」となったのですが、とにかく子どもたちの今と向き合っている美里にとっては、過去を振り返るのはその時点ではつらすぎる作業だったのだと思います。

美里の精神状態が安定していることが、今、幸太郎にとっては何より大切なことです。美里自身もそれを分かっていました。私は申し訳ないことをしたという気持ちになりました。

この頃、幸太郎の一学期の成績表を受け取りました。

三段階の成績には全て斜線がつけられていて、「記入不可能」と書いてありました。数字と言えば、欠席が「五十五日間」に及んだことが記載されていただけでした。

その下には、学校からの所見欄がありました。


幸太郎さんが学級のためにつらかった思いを伝えたことで、学級では「こまっている人をたすけるクラス」という学級目標を立てることができました。学級のみんなが、ちくちく言葉を減らし、ふわふわ言葉を増やしていこうと、意識して行動することができるようになりました。

運動会のダンスでは、放課後に教室で担任と練習し続ける姿は、きらきらと輝いていました。三年一組で発揮した勇気とやさしさは、幸太郎さんのとても大きな強さです。その強さを大切に、いつまでも笑顔を絶やさず、これからも幸太郎さんの持っている力を発揮してほしいと願っています。


この学校からもらう最後の通知表。まるで「詫び状」でした。

母との諍い

八月八日。この日は、駅で私の母・鈴木孝子と待ち合わせて、役所へ行きました。カウンセラーの高田さんから、幸太郎の現状を説明してもらうためです。

私たちは、孝子からの「回復が遅いのはナゼなの？　薬を投与したりしないの？　どうしてなの？」といった質問に非常に大きなプレッシャーを受けていました。

一度は、私も孝子に直接、説明しました。というのも、孝子はそもそも私たちの転校や引っ越しに反対でした。それでも強行し、しかも転居先の相談もなかった、ということで怒ったので、引っ越し前の六月に一度、状況を説明しようと私なりに試みたのでした。

「心配してくれてありがとう。確かに母さんの言う通り、自分たちはちゃんと子育てできなかったのかもしれない。育てるのにエネルギーが必要な子どもだったということもあるよ。だけど、いじめられる側に理由はない。育て方が悪かったからいじめられたという認識は改めてほしい。そして今の幸太郎の状態では、母親に寄り添い、甘えさせることによる安心感が必要なんだよ。だからある程度、母親に密着してしまうように見えるのも仕方ないと思う。わりと傷は深いんだ。僕たちもカウンセラーのアドバイスを受けながら家族でサポートしているところなんだよ。もうこれまで住んでいた場所には、いい思い出はないよ。だから引っ越す。引っ越しても幸太郎はすぐに学校に通えないかもしれない。手探り状態なんだよ……」

共感してもらい、状況を理解してもらい、協力してもらえるのなら、どれほど助かったか分かりません。

しかし、孝子には無理でした。私の説明では通じなかったのです。

そこで今回は、相談させてもらっている高田さんに、専門家の立場から、孝子の質問に答えてもらおうと思ったのです。その方が孝子の納得もいくのではないかと考えました。

この日は美里を同行させませんでした。先日の学校での出来事のように過去を振り返ることをさせたくなかったからです。美里も「いじめを振り返るという作業はきつ過ぎる。私がいい状態でないといけないのに、ダメになってしまう」と言っていました。

今後、過去の振り返りについては、私が一切を担当することにしたのです。前の学校からの連絡も全て私にお願いしました。

そしてこの日を迎え、私はバスを母・孝子と待っていました。そのときです。できるだけ穏便にいこうと思っていたのですが、とんでもない矢が飛んできました。

孝子が「幸太郎っていう名前をつけるとき、どうやってつけたの?」と聞いてきたのです。最初は意味が分からなかったのですが、やがて占いのことだと分かりました。漢字や字画について詳しく説明し、名前がいけなかったのではないか、今からでも改名したらどうかという話でした。

最初はなんとか聞き流そうとしていたのですが、しつこく言ってくるので、つい声を荒らげてしまいました。バスを待つ人の列があるにもかかわらず、つまり公衆の面前で「改名の必要はない！　それならもう付き合うな！」と怒鳴ってしまったのです。どうしても許せませんでした。名前が悪いからいじめられたのだと言わんばかりの話です。しかも久しぶりに孝子に会ったのに、出だしからそんな話だったので、怒り心頭に発したのでした。

バスの中では離れて座り、両耳にイヤホンで大音量の音楽を流し込みながら、役所へと向かいました。

役所に到着してからも、孝子は「そういうところまで考えるのよ」と面接の直前にも言ってきました。今度は静かに「もうその話は結構ですから……」と打ち切りました。

およそ十秒間の沈黙……。そこへ、高田さんが入ってきました。

まずは、孝子も同席しているところで、いつも通りの相談事をさせていただくことにしました。いろいろと普段通りのやりとりを聞いてもらった方がいいと思ったのです。

真治　最近は家族で朝、いつも軽くジョギングをしています。早起きです。この夏、そういうちょっとした運動を続けさせてもいいでしょうか？

高田　本人が自然な形で、少し頑張っているのは悪いことではないので。ただ、朝起きないとか、違った状況が起きてくる可能性はゼロではありません。日を限定してやるのはどうでしょうか。

真治　土日はお休みにしています。

高田　そうですね。頭を使う負荷ではないので。体を動かすことは、体と心の両方で健康になります。体を鍛えれば、心も強くなるので、大丈夫だと思いますよ。

真治　最近、幸太郎は「階段をあと二段くらい上らなければならない」と言ったんですね。学校に行くには、ということだと思いますが。そして前の小学校のことについては「あんなことなんでしちゃったんだろう。どうしてそれをするように神様は僕にしたんだろうね」と言ったので、妻は「どうしてだと思う？」と問い返したんです。すると「幸ちゃんにならできると思ったから」と。

「でもまっぴらごめんだよね。もう」と。そういう会話になったんですが、この言葉はどう思いますか？　いい傾向でしょうか？

高田　そうですね。例えば「本当に、どうしてなんだろうねって思っちゃうよね」のひと言で終わってもいいですよね。

だけど、そうした言葉が幸太郎くんから出てくるのは、彼が整理しようとしていることの証拠だと思いますよ。

例えば「あと二段」と言ったなら「その階段は全部で何段あるの？」という切り替えしだけでもいいんです。答えてくれたら全部の状況が分かる。その数によっては「あ、ずいぶん頑張ったんだ」となるのか、「まだ一段しか上ってないうちの残り二段なのか」となるのかで、だいぶ違うので。

真治　あと、二学期から転校できるように、長女と幸太郎を公立小学校に登録しました。香苗は一カ月後、九月頭から二学期です。幸太郎には焦らないでいいんじゃないかと話しています。宿題もナシで、犬のお世話と。学校も、まずは門まで行くとか。

高田　幸太郎くんは、基本的にかなりデリケートなお子様ですし、今回のような出来事が、大人が思っているよりは、ずっとダメージを与えていると思うので。大人はせっかちですから。彼が一歩も二歩も前に進めそうなものが、ものすごく頑張っているとしても、傍からはそう見えないということはあるので。もしかしたら十二月に登校というのも、彼にとっては苦しいってこともあるかもしれません。なので基本は、九月になって新しい小学校との関わりを、クラスの中に入る形ではなくても少しずつ持ちながら、そのときそのときで判断することになるのでしょう。

真治　九月になる。二学期が始まります。「ちょっと学校に行ってみよう」となるのか、「とてもじゃないけど無理だ」となるのか。そのうち学校公開もあります。学校の中を歩いてみる。できるかどうか。丁寧に一つ一つ、見ていく必要があると思います。あと、夏休みの自由研究を香苗がしていて、幸太郎の好きな虫も絡むものですが、幸太郎は自分も何かできるかなと思うようです。だけど苦しそうになるんです。

高田　苦しそうにしているのも必要なので。あまり苦しくなりすぎないようにストップしてあげるのがいいのではないでしょうか。今日はそこまで考えたから、ここまで、とか。夏休みって、いろいろな虫のイベントがありますよね。博物館とか、虫の研究とか。

真治　虫が好きな、同じ年齢くらいの子どもたちのところに行けたりしますかね？

高田　まだベースに人間不信はあるのですが、この週末もプールに行って、他の子どもたちとぶつかっても少しは大丈夫になってきているので、機会があったら行けるかもしれないですね。

真治　そうですね。ニーズがないと頑張れないので。幸太郎くんにとってのニーズは「好きなこと」だと思うので。好きな子たちが集まれば少しハードルが低くなる。そういう機会があればいいですね。

高田　また例えば、ご旅行に行かれた先に虫のコーナーがあるかどうかとか。もしかしたら同年齢の子たちと触れるのもありかなと思います。

真治　慣らし、ということですか？

高田　「慣らす」というイメージよりは彼が人と関わることで、どこまで回復しているかが見えるので。「慣らし」というよりは、「確認」という意味の方が大きいと思います。負荷が少ない方法でやってみて、こういう集団ではこうで、とか見えてくると、それなら次のステップはこうで、とか今後のプランが立てやすくなります。

真治　なるほど。自由研究も、提出するとき、どんな反応を学校の子たちはするのかな、と気になるようです。

高田　例えば前の小学校では「なんだよこれ？」と認めないとか、否定的な反応があったみたいです。「新しい学校では、そんなことないんじゃないかなぁ」と妻が言うと「そうだね……」と。

真治　ご長女は新しい小学校に自由研究を提出するんですよね？　だとしたら、「その子たちの反応を聞いてみよう」となったらいいのではないでしょうか？

高田　はい。幸太郎はこんなことも言っていました。「今まで目をつぶると色とりどりのものが見えていたのに、今は真っ黒なんだよ」と。一週間前です。
でも最近は、朝起きて自分で昆虫の切り紙の本を持って一階に降りてきて、見ているんですね。少しずつ自分の世界で集中できる時間も戻ってきてはいます。
しばらくすると、ため息が出ます。実際に作るというところまでは行かないんです。だけど、図書館で借りてきた工作の本などでは、何か作って遊ぶことも、時々は出てきました。

真治　そうですね。何かを作るっていうのはとってもエネルギーがいることです。頭で作ろうと思ってもなかなか体が動かない。少しでき始めているということは、それだけ回復しているということでしょう。

また、今は夏休みで「何もしていないのがOK」という状況だということも大きいと思います。

真治 はい。二学期に香苗だけが学校に行きだしたら、きっとありますよね。ドーンと落ちるのが。

高田 そうですね。例えば九月以降、彼が学級には通えないときに、同年代がいるフリースペースやフリースクールが近くにあるのか、ないのかとか、少し調べておいた方がいいですよね。

真治 行った方がいいですか？

高田 彼の罪悪感が少しでも減るとか、そこで過ごす時間で彼が少し安心できるとか。どういう場所かによって、プラスなのかマイナスなのかというのがありますけど、少しずつでも外に近づいていくのは意味があると思います。

真治 妻が幸太郎に「図書館の本で少し勉強しようか？」と促すと、かなり嫌悪感を示します。まだ学校のクラスで普通に勉強できないかなとは思いますね……。

高田 小学生にとっては、学校に行き、家で復習するというのが「勉強」です。それだけです。勉強だけするというイメージは、大人ほどはできないんです。だから、学校に近づくから嫌悪する。というより、そういう形で勉強するというイメージが基本的にはないので。まぁ、学習内容もすぐ追いつけるようなものですから。

幸太郎くんは能力が高いお子さんなので、今、勉強に力を入れるよりは、違うことを大事にされた方がいいと思います。でも本が読めるようになったのは、大きな進歩ですね。本はなかなか読めないので。

真治 あと、香苗が充実している様子を見ると、「ママ、幸ちゃんはどうする？　大丈夫かな？」と聞くようなのですが、いったいなんと言ってあげたらいいでしょう？

高田 「今は冬眠中だから。思いっ切り休むといいんじゃない？」と言ってあげたらどうでしょう。エネルギーを貯めている最中なんで。あ、昆虫が好きなら、さなぎ。「幸ちゃんは今、さなぎだよ」と言ってあげればいい。
外からは何もしてないようだけれども、チョウのさなぎとかでも、実はものすごく変化しているんですよね。ものすごい成長をしているんですよね。「そういうときなんじゃない？」と。実際、彼はそうだと思います。

真治 九月から登校できないとして、今後の過ごし方や人々との関わりは、どうしたらいいでしょう？

高田 とにかく八月中は、新しい家での生活を満喫することです。
九月になると、学校にお姉さんが行く。すると新しい学校がどういう学校か、もう少し具体的に見えるでしょう。お姉さんを通して風を感じると思うので。その中で彼がどんなことを言いだすか。何ができるか、そのときに考えるのが大事なんじゃないかと思います。

真治　「無理してでも、お姉ちゃんと一緒に行きなさい！」とは言えないんですかね。

高田　そのときでも「どのくらい頑張ったら行ける感じ？」と聞いてみたらどうでしょうか？「レベルいくつになったら行ける？」と。少しの努力で行けるなら押してあげる必要があるかもしれないですし、そのときの様子で、押すのか、引くのか、待つのか、見えてくると思いますよ。

真治　今は丁寧に対応してあげたいなとは私も思っていますが、母はいろいろと聞きたいようなので、今日は一緒に参りました。

高田　そうですね。

続いて、孝子から高田さんに、質問していきます。

その前に、ここに来る際、改名を巡って、孝子と大げんかになったことを伝えました。

孝子　姓名判断だとそう言う人がいるので。一時的にでも変えたらいいのではないかと思ったのです。これまで一度も言ったことないのですが、こういう事態になったので、いろいろとギリギリなことまで考えてしまうのです。

真治　今日私が一人で来たのは、妻が頭がいっぱいいっぱいで「頭がおかしくなりそう」と言っているからです。本当に今もギリギリなんです。

プレッシャーの一つは、母からいろいろと聞かれることです。気軽にいろいろと提案してくれるのはありがたいのですが、聞く人がどう思うか考えてほしいと思います。そのことは言うなと、もう伝えました。

孝子

言ったことがないことを言いたいほど、考えているということなんです。私も主人が亡くなって、カウンセリングを受けたことがあります。私は今、いろいろとお話を聞いていて、一番いけない……、一生懸命、親がゆっくりやってあげようという中で「大人はせっかちだ」という範囲に入る部類です。自分でも分かっています。私にそういう経験がないから、すごく大変なことにこの家族は出会っていると思うんです。もしかしたらいじめられた子は何万人もいるから、大変だと思わなくてもいいのかもしれないのですけど。

私の姉二人は、教師だったんです。ちらちらとこの不登校の話をすると「ちょっと長いね」と。長い期間かけてやることの効果は見えていないですよね？　私からすると、保証がない。だから不安なんです。

主人が亡くなった後、主人の母を看ていたら、九〇歳を過ぎてから義母もおかしくなったんです。認知症です。幻聴などがあり、私は上手に対応できませんでした。今なら「あ、聞こえるのですか？」と言えばよかったと思いますが、そのときは「聞こえませんよ」となってしまいました。

義母にものすごい力で手を握られたこともあります。「言い方が悪かったな」と今は思うんです。もっと同情すればよかったです。

それから、友人の孫が学校に行き始めたらチック症になったんです。先生が厳しいからと。一緒には住んでないけど近いから気になると。親はそのうち治ると思ったけど、私の友だちは「一度、医者に行きなさい」とアドバイスしました。それで医者に行かせたら、薬もらって治ったんです。小学二年生です。

私は幸太郎が不登校になってから三回、見ています。最初は、学校に行ってないと聞いたので会ったら、全然大丈夫だと思っていたんです。ところが二回目は預かって、この子やっぱりちょっとオカシイのではないかなと思いました。ちょっと変わっているかもしれないと思ったんです。

お昼を一緒に食べることにしたので、グレープフルーツをむいておいたんです。お昼ごはんが済んでからと思っていたのですが、幸太郎は来たらすぐに食べ始めました。フォークを三つ出しておいたので送りに来たママ（美里）と私と「三人で食べるんだな」と分かっていたはずです。それをほとんど幸太郎が食べました。

子どもだからとは思ったのですが、ママに勧めても食べずに、結局、最後の一つだけ残ったのをママが食べました。

ママも我慢して食べさせたのだろうと理解したのですが、私の考えだと「本当なら三人で食べるのだけど、食べたいならどうぞ」と幸太郎に言いたかったけど、言わなかったんです。

腕相撲もしました。ママは負けてあげていました。その後、お食事をしに出かけたのですが、幸太郎はママに甘えるようにしていました。私が「幸ちゃん、ママに甘えているね」と言うと、その後「ママは僕のこと、バアバに言ってないの？」と言ったんです。

それでも、その言葉が幸太郎を傷つけたとはまったく知りませんでした。私の言葉を気にして食事を食べなかったんですね。

それで、私の家に幸太郎と二人で戻りました。帰宅途中の道端でもいろいろな虫を見つけていたので、「エライね」と褒め、ご機嫌で帰りました。

帰宅して腕相撲したとき、私は負けなかったんです。もしかしたら負けてやらなきゃいけないかなとも思ったけど、ママの態度も気になっていたので、負けない人もいると伝えようと負けてやらなかったんです。

その後ママから連絡がありました。用事が終わった、と。私としては、その後、公園にでも行こうかと思ってました。誘ったら「行かない。昼寝がしたい」と幸太郎は言いました。「バアバ、一緒に寝よう」と。「一緒がいい」と。

たぶんママは一緒に寝るのだろうなと思いました。でも、もう小学三年生だし、事情を知らないから。同情してあげなきゃいけなかったのかもしれませんが、それもしなかった。「ソファから見ているよ」と和室で寝かせたんです。そしたら怒って出てきて「こんな空気の悪いところにいたくない！」と。

鳥肌がサーって立ちました。普通ではない目だったんです。この子は普通の心情にいる子ではないと思いました。

様子を見ていると、この夫婦はすごく優しくて、すごく愛情を注いでいるから、根本的には何があっても曲がった子にならないと信じているのですが……。ですけど、異常は異常じゃないかな、と。長い時間かかると。私は、連休があけたら大丈夫だと思っていました。

そしたら六月にママのお母様から電話があったんです。ちょっと電話で話したら「とてもひどい事をクラスで言われていたことが分かった」と。お母様は、「回復に時間がかかるかもしれない」と。「どれくらいでしょう」と聞くと、「もしかしたら何年も」とおっしゃるので、またゾッとしました。

そんなことあるかしら？　絶対にいけない！　と思ったんですね。お母様は「美里は『自分も死のうと思った』とも言っていた」と。とんでもない！　と思いました。自分がそんなに悩むなら、なんで病院に行かないのかしら？　と思ったんです。

友だちの孫のチックの子みたいに、今は薬もあるのではないか。できるだけ期間を短くさせてあげたい。

高田　幸太郎を見ていると、学校に行きたくて仕方ないんです。行かないことがすごい心の負担になっている。だから早く行かせてあげたいという焦りの気持ち。それなら今の状態を短くする方法があるのではないか。だから積極的に病院にも行って、精神疾患になったなら、薬やなんかでできるだけ短く、治してやってほしいと思ったんです。

孝子　本当にバカな親なんで。それしか考えられなくなってしまって……。

高田　私は実際に多くの子どもに会います。傷ついた子どもたちが来ます。医療機関で服薬して助けられていく子どもたちにも会っています。だから、おっしゃっていることは、よく分かります。

孝子　本当に私は焦っているダメな祖母でして……。

高田　愛情で、「これをしたらどうか」と思ってくださるのは、おばあ様だからだと思います。ただ、まだ幸太郎くんは九歳です。大人が自分の意思で、精神科だったり診療内科に行くのとは違います。まだまだ心も知能も発達の途中なんで。本人がニーズを感じて行きたい、行く、という段階にはまだまだならない。

孝子　本人はなりませんよ。

高田　彼の場合、能力の高いお子様なんで、分かっているけどどうにもならないときと、冷めて考えられるときと、両方あるんです。行ったり来たりしています。その両方の自分の気持ちによく付き合っているなと思います。

彼は少なくとも、いじめられた時点で、ものすごく傷ついて自己評価が下がっています。その中で一生懸命「あれは、自分の役割だったんだ」と、なんとか保とうとしています。ご両親も精神科への受診は検討されています。私にも相談してくださいました。服薬についてもです。ですけど、受診がものすごい心の傷になって、傷の方に振り回されて、回復に何年もかかる子もいます。幸太郎くんは受けた傷が、何倍にもなるくらいデリケートなお子さんです。

いじめの傷は大きいです。確かに傷は大きいので、医療的にも治療するのは、あった方がいいかもしれないというのはおばあ様の思われる通りですが、今はそれをせずとも、ご両親の深い丁寧な関わりで、確実に回復しています。

だけど、ときにふっと戻って混乱した状態を見せると思います。ささいなワンフレーズがフラッシュバックさせます。何がフラッシュバックさせるか分からないのですが、そのとき「なんだろうこの子は……」と心配になる。だけどズーッとは続かないのが、今の彼です。フラッシュバックの時間が、だんだん短くなってきています。

ご両親は、こういうふうに定期的にいらっしゃっているし、今後も一緒に考えさせていただきたいと思っています。私の方で、幸太郎くんが嫌がっても精神科に行った方がいいと思ったら、ちゃんとそう勧めます。本当に必要なときには、そのことも考えたいと思います。

孝子　分かりました。彼が回復しているというのは、嬉しい話です。

ただ、彼は小さいですから。大きくなったときにまた出たりとか、暴力も心配です。引きこもりもある。だから早いうちに……と感じてしまうんです。

高田　真治たち二人は本当に一生懸命、子育てをやっているのですけど、やりすぎなところがある。それから不器用です。判断が間違っているとか、下手なやり方があります。

幸太郎くんは九歳で、自然に発達しています。大人になって成長した心が壊れるということとはまったく違うんですね。自ら成長し、自分の力でも自己治癒する力を持っています。そして、その場をご両親が与えている。

だからこそ焦らずに、これ以上の負荷をかけずに、本当に彼が「自分の力で元気になったんだ」「誰の力も借りずに自分で頑張れた」というのが、ものすごいプラスの経験になると思うのです。

孝子　本当にそう思います。これがうまい方向にいけば、立派な子になると思います。だけど後遺症にならないか、と。同情してあげるのが大事なのでしょうが……。

高田　「鳥肌が立った」というおばあ様の経験は、ママが私のところに初めて来た六月です。

孝子　幸太郎が「僕のことを分かってくれるのはママだけだ」という言葉には感動しました。

ああ、「親は分かってくれる」ということを知っているのか、と。だからママの存在は大事ですよね。

でも例えば、あるレストランの入り口に大きいペンギンの像が立っていたんですね。「怖い、怖い」と幸太郎が言う。そしてママにしっかりしがみついて。体が重いのに。「どうしてママがそこまでやるのかな」と思っていました。私なら「本当は怖くないんだよ。大丈夫だよ」と声をかけるのですが、ママは声をかけていなかったかもしれません。そういうふうに声をかけなくてよいのでしょうか？

高田 本当はペンギンが怖くないというのは、幸太郎くんも分かっていると思います。何度も言いますが、彼は能力の高い子で、普通はこうだと分かっています。だけど今の課題は「分かっちゃいるけど、どうにもならない」ということなんです。言葉で正しいことを伝えるのは、分かっちゃいるのだけど……、という思いを増やすだけになるんですね。正しいことを伝えるのは確かに必要です。だからおばあ様が「本物じゃないよね」と言うのはいいのですけど、「ママにしがみつくのはやめた方がいい」と言うのはやめていただきたいです。

孝子 それは言ってないです。

高田 今は充電している最中なんで、そういう行動を見せるのは、それが必要なときなんだと思っていただいて。

孝子　そうですよね。だけど、すごく育て方が慎重なんですよ。それがやりすぎに見えるときがあるんです。もっと小さい頃、幸太郎が喘息になったときも思ったんですけど。心配のしすぎでそうなるという子がいますよね。心配しすぎ。「親はなくても子は育つ」と思うんです。原因はどこだったのか、と。

いやね、後遺症とかが心配だったので伺いたかったのです。別に親を責める気はないです。幸太郎を責める気もないです。早く回復してほしいという気持ちだけです。焦って焦って申し訳ありません、という感じです。

高田　心配しすぎなくらい愛情をたくさんかけて育てているということと、優しくすることで子どもを甘やかす、あるいは自ら逞しく育つ機会を奪っているのではないかというご心配、分かります。

でも私は何度かご両親とお話させていただいて、これだけ丁寧に幸太郎くんに関わっているからこそ、彼はすごく短いスパンで回復しているのだと思っています。これだけ繊細な彼が、これだけの期間で元気になっているのは、ご両親が愛をもって丁寧に関わってくれているからこそです。

もちろん、もっともっと元気になるお子さんもいるかもしれませんが、傷の深さ、ということもあるので。本当に、確実に元気になっていますよ。

孝子　それから、ついでに申し上げると、幸太郎の姉の香苗についてです。幸太郎が変になったときも、私は「下の名前だけで呼ばないで〝お姉ちゃん〟って言いなさいよ」と言いました。私は古い人間なんで。だけど親は反応しないんです。「尊敬するお姉さんなんだよ」と私は思うんです。

高田　幸太郎は、虫取りでも、自分よりすごい人がいると、ワーってなってしまう子なんです。他人を尊敬することも大事なのではないかと思うのです。あまりにも「幸太郎の言う通りで」っていうのも……、それでいいのかなとちょっと思うんです。

孝子　いいことはいい。ダメなことはダメ。ご両親は、優しいのですが、その区切りはしながら育てていらっしゃると思います。絶対にダメなのは、人を傷つけること。おばあ様が見ていられないところで厳しくしているところは厳しくしていると感じます。

高田　そうですか。私は「甘いな」と思ってしまいます。

孝子　おばあ様に育てられたお父様ですから、当たり前のところは当たり前にやっていますよ。ずいぶん葛藤しながら、今、何が必要なのか、取捨選択しながら幸太郎くんに向き合っていると思います。先ほどの話のように、一つ一つ確認しながらだと思います。みんなで夜に山小屋に泊まったときも、真治が夜「カブトムシを一緒にとりに行く」と。その機会に「いいお父さんだよね」と言おうかと思ったのですが、「そこまでやらなくてもいいのに」とも思ったんです。

ママも、もう小学校三年生の幸太郎を抱っこして重そう。やりすぎじゃないかなと、ついつい思うんです。彼らは百二十パーセントやりすぎ。

高田　はい。だけど今の幸太郎くんには必要な百二十パーセントだと思うので。私もご両親に「疲れないでくださいね」とお伝えするくらいです。

孝子　たぶん幸太郎くんは、下の名前だけで呼んでも〝お姉ちゃん〟と思っていると思いますよ。ご両親はそう思って育てていると思います。言葉ではなくて、日々の関わりで。だけど、言葉で言うのとは違うのです。これは余計なことですが……。まぁ、それぞれの家庭の事情でいいのですけどね。なんで、たった一人のお姉さんを〝お姉ちゃん〟と呼ばないのかと、ずっと思っていたんです。

高田　お姉さんは〝お姉ちゃん〟って呼ばれたいのですかね？

真治　そんなことないですよ。

孝子　だけど見ていると「あー、やっぱり」と思うところがあるんですね。私はいつも息子と波長が合わないんです。

高田　そうですか。だけど、真治さんがこんなふうに優しく大きくなられたのは、おばあ様のおかげじゃないですか？

孝子　いやいや。いつも自分に言い聞かせているのは、子どもたちには子どもたちの生活があるから、絶対に口出ししないと。私は言わない方だと思いますけどね。
(筆者に)何かあなたに押し付けたことある!?　ないでしょ？　あったら言ってみて。

高田　何事も気に入らないみたいですが。（私は無言で目を閉じました）人が違うと、考えることや感じることが少しずつ違うので。出どころは深い愛情なんですが。違うのは寂しいところはありますが、おばあ様が大事に思ってくださっているのは、よく伝わります。

孝子　みんなが苦しまないで、できるだけ苦しまないで、今の世の中で生きていくには、いろいろな方法があるのではないかなと思います。私も七十年以上も生きているので、いろいろな話があるのに、私の話に、息子はすぐ反発します。

幸太郎のことで言うと、本当に先が長いですからね。大きくなって後遺症が変に出るのが怖いので……。良い方向に出るのならいいのですが。

無知で申し訳ありませんが、よろしくお願いします。

高田　何かあればご連絡くださいね。

孝子は、「いいカウンセラーさんに出会えてよかったね」と話していました。いろいろと本音を話せたのでしょう。

とにかくこれをきっかけに孝子が冷静になり、落ち着いて回復を見守ってくれることを祈りました。

幸太郎の回復に時間がかかっていることを「長いね」と言っていた孝子でしたが、この直後には「普通の登校拒否なんて、二〜三日とか一週間くらいで治ると思っていたわ。でも傷が深いことが分かりました。いじめの深さを私は知らないからね……。分かりました。本当に理解できなくてスミマセン」と話していました。

それでも改名については、この日の帰り道でもしつこく言ってきたので、私は再び冷静さを失い、バス停までの道程で、またもや怒鳴り声をあげてしまいました。そして駅で別れてから、次のようなメールを送りました。

お疲れ様でした。「子どもがダメだから名前まで変えろ!」と言われたと認識して怒り心頭に発しました。私もギリギリなんで、頭がおかしくなっているのかもしれません。

美里は私以上に折れかかっています。美里にはそんな提案しないように心からお願いします。厳しい言葉を吐きました。失礼しました。

今後は幸太郎について細かく聞きたいなら、私たちではなく高田さんに聞いてください。いろいろ聞かれるだけで責められている気になるのです。お願いします。

すると、孝子からは、次のような返信がありました。

今後、あなた達に幸太郎の様子を聞く気は、今は毛頭ありません。

名前の件は私もギリギリ考えているとそんな所まで波及してしまう、と云うことでした。そんな考えも出てくるか、と軽く受け止めて考えてくれるかと思いました。世間にはそういう話はよくあります。

それにしても四十歳を過ぎた大人が、追い込まれていたとしても相変わらず親に対しあの様な言葉や言い方をするのは、実に情けない事です。

感じの良いカウンセラーさんでした。

あなた達は家族では良く話し合っているようですが、もっといろいろな人たちと親子共々良く交って、自他ともに柔軟に対応できるようにする方が良いように感じますが、こういう事がお節介というのでしょうか。お好きなように生きて下さい。

いじめ報告書

八月八日付の消印で、校長から手紙が来ました。いじめ報告書でした。美里は読む気にもならない、というので、私が開封しました。

これまでの経緯について述べられた上で、最後に、「学校のいじめに対する対応と今度のあり方について」という項目があり、次のような反省の言葉が並んでいました。

学校のいじめに対する対応と今度のあり方について

① 振り返り

学校は、鈴木幸太郎さんへの「いじめ」と受け止め、以下の点の振り返りを行った。

・四月の早い時期に幸太郎さんのSOSに気づくことができなかった。
・保護者からの相談に対して幸太郎さんへの寄り添いが十分にできなかった。
・気付きと対応の遅れが関係児童や学級全体への指導の遅れにつながった。
・学校の初期対応といじめの未然防止の不十分さが児童の心の傷を深めた。

② 今後の方針

幸太郎さんが受けたつらい思いを二度と繰り返してはならない。そのために担任をはじめ、全教職員で以下の点について再確認した。

子供の変化に気付く教員としての資質・能力の向上

・子供は常に自分の立場を分かってもらいたいと思っている。だからこそ、教員は「話を聞こう」「思いを分かろう」とする姿勢を持ち続ける。
・朝や放課後、休み時間や掃除などを共に過ごすことで、子供たちの仲間関係の変化や小さなSOSサインに気付ける教員になる。
・意識して一人一人に対応したり話しかけたりすることで子供の心を開いていく。
・個々の能力や個性・感性の違いにあたたかく寄り添う指導や働きかけをする。
・現在実施している生活アンケートやQ-U調査の効果的活用と指導の充実に資する。

＊Q-Uとは学級集団をアセスメントし、より適切な支援をするための補助ツール。学級満足度尺度、学校生活意欲尺度、ソーシャルスキル尺度より構成される。

組織的な学級編制体制の継続と引き継ぎ等の確実な実施

・担任・専科教諭・養護教諭・スクールカウンセラーの他、関わりのある全ての教職員による学級編制体制を今後も継続し、これまで以上に子供の様子の共通理解を図る。

・学級編制時や担任が替わる際の引き継ぎ、子供の実態に即した明確で迅速な指導方針の確立など、新年度当初の四月の学級の安定に向けた対応について、全教職員で指導方法の共有化を図り、進めていく。

支持的な学級集団の醸成と計画的な指導の実施

・授業を通してあたたかな心情を育てる。(話を最後まで聞く、友達の意見を尊重する)
・友達同士が助け合う学級づくりを目指す
・友達のつらさや不安に気付く仲間関係を育てる
・友達のSOSに気付いたときには信頼できる大人の助けを求める子供を育てる
・友達のSOSに気付いたときはみんなで応援してあげる子供を育てる
・子供との信頼関係を教員自ら高め、相談しやすい人間関係の構築に努める

子供や保護者の相談に対する組織的・迅速的な対応

・保護者からの相談を学年間、特別支援教育コーディネーター等で共有する
・特に子供同士が関わっている場合は管理職に確実に報告する
・保護者や子供からの相談等について誠意と緊張感をもって迅速に対応する
・いじめに対する委員会を開き、全ての教職員の共通理解を図る
・相談内容に関する状況の変化を保護者に確実に伝える

スクールカウンセラーや学校包括支援員、講師など様々な専門性をもった職員の気付きを大切にした学級経営の実施

保護者の皆様が、相談しやすいと感じる学校づくり・組織づくり

以上、学校が本件を「いじめ」と捉えた以降の主な対応について報告させていただきます。

いじめがあったことを認めない学校が多い中、きちんといじめがあったことを認め、その中で幸太郎が果たした役割を記してはいました。

しかし、いくつもの疑問が残った総括でした。なぜ、早期の見落としは起こったのか？　いじめ対策はこれまでも実践してきたのではないのか？　今回はなぜ対策が機能しなかったのか？　また再登校した日に、いじめ中心者の一人から「あやまればいいんだろ。ご・め・ん・ね‼」と強烈な言葉を浴びせられたことについてもまったく触れられていませんでした。

八月十五日。お墓参りをしました。帰り道、幸太郎がひと言、「生きているって素晴らしいね」とつぶやきました。ようやく「死」を考えなくなってきたのかもしれません。

八月十八日～二十一日。群馬県沼田市の「星の降る森」へ家族四人でキャンプに行きました。初日はどしゃぶりでバンガローに宿泊し、残り二泊をテントで過ごしました。テントでの宿泊は、初体験です。持参したランタンは弱く、車のライトをつけて、暗い中でバーベキューをやりました。

今回は柴犬の「レオン」も連れて来ていたので、幸太郎はレオンを介して他の人たちとも会話ができました。スーパーに買出しに行き、車で美里を待っているときも、隣の車から顔を出していた子どもに声をかけたのは幸太郎でした。こうして他人とのコミュニケーションに少しずつ自信を取り戻しているのです。

夜は隣の大学生たちが遅くまで楽しそうにはしゃいでいて、近くのテントのおじさんに怒られていました。いつか幸太郎も、こんな元気な大学生になれるのかな……と、想像していました。「星の降る森」という名の通り、雲間が途切れると、確かにきれいな星が見えてきました。月明かりにも負けないほどの星の輝きでした。

私と美里は一緒に、眠くなるまで外で夜空を見上げていました。

夏休み最後のカウンセリング

八月二十九日。午前八時半から、夏休み最後となるカウンセリングを受けに、夫婦で区役所を訪れました。

幸太郎は二学期から学校に通えるのかどうか。相談したいのは、ズバリそこでした。

高田　先日、実は、またおばあ様とお話しました。ご旅行に従兄たちと連れて行って、幸太郎くんも元気で楽しそうだった、と。「ああいう様子を見ると、幸太郎にもっと頑張らせればできるのではないかと思う」とおっしゃっていました。

「なんとか親が後押ししたら、学校に行けるのではと思う」と。「もし行けないのなら、幸太郎の状態がものすごく重いのではないか。それなら医療機関とかで対処してもらう必要があるのではないか」と。そういうお話でした。

私からは「誰よりも学校に行ってもらいたいと思っているのはご両親です。お父様も後押しして、と感じられるタイミングもあったんです。だけど従兄たちと遊んでいる様子だけでは分からないこれまでの経過や苦しい状況を見ていて、今はじっくり待とうと決められたので」という話をしました。

「それなら重いということ？」とおっしゃるので、「それはそうだ」とお伝えしました。「思っておられるより傷は大きいです」と。「なら、病院で薬を」と。

こうでなければこう、というお話になるので私からは「今のご両親との関わりの中で、確かに良くなっているという感触はあります。なんとも正確な判断はしがたいけれど、いろいろなことが幸太郎くんはよく分かる子なので、病院を受診することで受ける傷を考えると、今はそのタイミングではない。だけど今後、そういう判断をすれば、そうご両親に伝えます。もう少し見守っていてほしい」とお伝えしました。

きっとまた私に電話をかけてこられるかと思う。それは、納得されるまでお付き合いして、と思います。

真治

ありがとうございます。

高田　繰り返し繰り返しなんでしょうし、やっぱり時代が違う。ひと昔前の方なんで、おっしゃっていることは、その時代の当たり前のことなんで。そして「人はつらくても努力すればなんとかなる」と思って生きてこられた時代の方たちなんで。ご自身も苦労されて、乗り越えられたという思いもおありなので、違う道をご両親が選ぼうとしていることに不安があるのでしょう。世の中的に見てもご両親、つまりお二人が優しいと思っていらっしゃる。間違ってはいないのですが、それもあって、違う言葉で言えば「二人が甘いのではないか」と思っていらっしゃる。

でも私から言わせれば、お二人は一番厳しい道を選ぼうとしていると思います。叱咤激励して、というのは簡単なんだけど、忍耐で待って、親としてはつらい道を選ぼうとしているのに、そこはなかなか分かっていただけないかなと。

美里　幸太郎は、八月後半、急に元気になってきました。キャンプに家族だけでも行きました。犬も一緒でした。スーパーに行って、車で留守番させたら、隣の車にも子どもがいたんです。幸太郎が話しかけて犬を見せたんです。また、キャンプ場の子どもたちにも、交流したくて犬を見せるということもしていました。

それから、モノを作るのも大好きだったのにやらなかったのですけど、ようやく始めました。「レオンの乗るシーソーを作るんだ」と、ずいぶん長い時間、以前のようにやるんです。姉の香苗が自由研究をやっていると、工作も始めました。うまくいかなかったのですが、怒ったりしませんでした。

今朝も起きるのがしんどそうでした。でもラジオ体操とか、何か決まった動きをやるのが幸太郎は嫌いなんですが、「朝っていいね」と言ったんです。

昨日は近所のショッピングモールに行ったら、いい本屋さんがあって。椅子があって本を自由に読めるんです。ちょっと前までは他の子どもたちがいる場所を避けていたのですけど、そこで読んでいました。引っ越した当初は、同じショッピングモールを「怖い」とまで言っていたのですが、それも忘れちゃったみたいです。

お風呂も、キャンプに行って「汗をかいてお風呂に入るのが気持ちいい」と分かったみたいです。「わあ、お風呂に入りてえな」と。フラッシュバックで体をこすり続けていた日々を忘れちゃったみたいにお風呂に入りたがっています。

二学期から通うかもしれない小学校の制帽も「買ってみようかな」と言い始めました。体育着、上履きなど、スーパーで買い物をするのを嫌がるかなと思ったのですけど「コレかな、コレかな」と私がやっても嫌がりませんでした。「学校に九月一日になったら行ってみよう」と話すと、「うん」と言いました。キャンプの後です。嫌がらない。

前の学校で使っていた筆箱とか一部ですが「捨てて」と頼まれて捨てたものがあって、ちょっと先回りして新しい筆箱を買ってあったんです。そこで「じゃあ、日曜に学校の支度しておこうか」と言ったら、「学校か……、思い出しちゃうな」と。「学校」という固まりとしては、まだ警戒しているのだなと思いました。

幸太郎は「学校に行くときになっても、僕が『学校に行く』って言うまでは待ってね。無理に『行け』って言わないでね」と言っていました。

幸太郎も「行こうかな」とはなっているのですが、いざ当日となったら、しり込みするかもしれません。そのとき、私はどうすればいいでしょうか？　もし行けなかったら、また幸太郎は苦しくなると思います。香苗は行けるのに自分は行けない、となります。どう誘おうかと考えてしまいます。先生のおっしゃるように、子どもを見ていれば分かるのかもしれないのですが、分かりません。新しい学校の副校長は「当たり前のことしかできないですよ」とおっしゃいますし……。

今日は学校の担任にも会えるので、勉強はストップしてしまっている状況もお伝えしようと思っています。この夏休み最後の時期を、どう過ごしたらいいのでしょうか？

高田　頭では「行こう」「行く」ってなっているのね。
幸太郎くんは今、少し気持ちが落ち着いて、学校のことも拒否しなくなってきた状態ですよね。それが「こんなことしててもつまらないな。一人でずっと家にいるのもつまらないな。学校、行ってみようかな。ちょっと様子を見に行こうかな」となり、そして「あ、行きたいな」から「行ってみる」ってなる。お母さんに言うようになります。気持ちの上ではそうなるのですが、「行ってみる」と言って本当に体が動くまでには時差があるんです。それが子どもの確実な動きです。

大人は「行ってみようかな」という子どもの雰囲気を感じて「行けるんじゃないかな」って少し動くのを後押ししたくなります。ここに大きなズレがある。もうここまで頑張っているから、半歩後ろを歩いてあげるのが、すごく大事です。「行こう」と思っても、実際には体が動かないということが起こりうるのです。「体は心より遅れてついてくるよね。これまでもそうだったよね」と伝えれば、幸太郎くんも納得すると思います。「なんでできないのかなあ」となる。そしたら「誰でもそうなんだよ。時差があるんだよ。自然なんだよ」と言ってあげればいいと思う。

もう一つは九月一日です。「ああ、やっぱりダメだ」ってなったら「ここまでできたことを二重丸しよう」と言ってあげる。

「だけど、ママはお姉ちゃんを連れて行くでしょ。留守番できる?」と聞く。「ママは学校行くからね。学校の様子を観察してくるよ。三年生の様子も見られたら見てくるよ」と。そして帰宅したら、様子を伝えてあげればいい。

もし放課後、担任の先生が「待っている」となったら、学校と下駄箱と席を見せてもらおう。個別に対応してもらいましょう。それを今日お願いしてきたら?

半分行きたい気持ちがあるけど、半分不安。それならそういう対応もありか、と。で、もしそれでも幸太郎くんが行けないとなったら、放課後ママが一人で行って写真をとってきて見せてあげる。「こんなクラスだよ」と視覚的なイメージができた方が、彼は得意なんで。イメージを具体的にもたせてあげた方がいいですね。

美里 うん。そうしよう。

真治 「ひゅーひゅーっ」て嘆いたり、「怖い」と言ったりもしなくなってきたんです。

美里 あと、できれば二学期の初日から行ければ。自己紹介もあるからな、と思います。

高田 でも、あまり期待しない方がいいだろうけどね。落ち込むから。

学校に九月一日に「行くといいこと」と「行かなくて困ること」を箇条書きにしてみたら？　そして「はかりにかけよう」とやってみる。幸太郎くんは葛藤しているので、言葉に整理できると、わけの分からない不安が少し具体的に見えてきて、ちょっと楽になるかもしれないので。

美里 そうですね。勉強は相当イヤかな……。さぼっているのかどうか。

高田 学校に行くか行かないかは強制しないけど「家にいても勉強はするよ」って言おうか。「それとこれは別のことだね」と。「いい大人になるために勉強は必要だし、脳は使わないと老化したり、退化したりするから」と言ってもいい頃かもしれないですね。勉強はしていいんじゃないかな。うん。そろそろいい。その方が学校に戻るのも楽だし。

美里 もう一つ聞かせてください。前にもお話した通り、わが家はゲーム禁止なんですが、幸太郎が「この先もゲームなしで友だちを作れるかなぁ」と心配そうで。幸太郎も、ゲームが悪いっていうのは分かっているんです。だけど困っちゃう。先生、どう思います？

高田　私も納得はしないけど、世の中と戦うわけにはいかなくって。実際にゲームでつながっている友人関係というのがあるんです。特にあの年齢の男の子は、ゲームが社交場じゃないけど、関係を作る場。それがないことで仲間外れになったりとか、同じ会話ができなかったりとか、「分からないんだからお前はあっち行け」と言われたりとか、普通に起こるんです。だけどそれにもめげない子になってほしいと思って育てられてきたのだろうと思うから、家の価値観を変えるのはどうかとは思いますけど。それでもですね、実際にそこで生活しなきゃならないから、幸太郎くんは困っていると思うな。だけど本当に必要のない子は、会話のスキルとしてしかゲームを使わないと思いますよ。持ってないと仲間に入れてくれないのよね。最近のゲームって通信したりもするし。

美里　前の学校では、持ってない幸太郎が「見せて」って言っても「あっち行け」って言われちゃう。だから「漫画を読んでいるしかない」というのです。

高田　正直、困るんですよね。ただ引っ越す前に住んでいた場所と今のところでは、ちょっと違うかな。自然があって走り回るのは、子どもは好きなんで。

美里　そうですね。受験する子がどれだけいるのかとか、ゲームについては、新しい学校に聞いてみます。ありがとうございました。

大きな一歩

八月三十一日。ついに明日、二学期が始まります。

幸太郎は学校に行けるのか、行けないのか……。気持ちは揺れているようです。

朝の段階では「行く気みたいだよ」と美里。私はホッとして会社に行ったのですが、お昼になって「行かない」と主張し始めました。やはり簡単ではないのです。「ドスン」と私たちの気持ちが一気に落ち込みました。

試しに高田さんからアドバイスを受けた「学校に明日、行くといいこと」と「行かないといいこと」を、帰宅してすぐ、私は書き出してみました。だけど幸太郎は乗ってきません。

そこで気持ちを代弁する形で、声に出しながら書いてみることに。そしたら少しだけ乗ってきました。「行かないといいこと」のところでは、「楽」という言葉が出てきました。

両者を比べると、わずかに「行くといいこと」の方が項目数としては多かったのですが、「なら行くよ」とはなりません。

その作業が終わってからしばらくして、私は美里に暴言を吐きました。「どうしてもお前が優しすぎるから、楽だし家にいたいという気持ちが出ちゃうんじゃないのか!?」と聞いたのです。

そうでなくてもいじめ被害で心を痛めている美里にとっては、かなりのショックだったようです。すぐに謝ったのですが、美里は「そんな気持ちが残っているなら、パパから高田さんに電話して、解決して。それが消えない限り、私、やっていけない。もう無理。自殺しようかな……」とまで言いました。

夕方、子どもたちとテレビを見ていると、食事の準備をしていた美里がキレました。「ああ、もうやってられない！　こんなときはビール飲むしかないわ」と。

プシュっとあけて缶のままグビグビと飲みました。

しばらくして「あんたたち、私が優しすぎるから、楽だから学校に行かないのね!?　そうなのね？　ママが変わらなきゃダメか？　どうなの!?」。突然、大きな声です。

驚いた子どもたち。「そんなことない！　ママ、変わらないで！」。二人とも涙目で訴えます。しばらく激しいやりとりが続きました。どうしようもない状態になったので、私は泣いている幸太郎を連れ出して一緒にお風呂を洗うことにしました。

私は割と冷静でしたが、お風呂の中で、幸太郎に言ってしまいました。

「お前が『明日、勇気を持って学校行ってくる』って言えば、ママはああはならないんだよ」

すると幸太郎は「学校に行くのも行かないのも、どっちも怖いんだよ」と。「行くと何が怖いの？」とさらに聞くと、それには答えず、お風呂掃除を切り上げてママのもとへ。そこで最後の説得があったようです。

美里は「明日、学校に行っても、誰からもなんとも思われないんだよ。だけど明日を逃しちゃうと、とっても行きにくい状況になっちゃうよ」と今度は優しく諭しました。

結局この夜、幸太郎は「行く」と改めて宣言しました。

九月一日。始業式です。私たちはドキドキして朝を迎えました。幸太郎は「やっぱり行きたくない」と、昨夜の宣言を簡単に翻しました。

私たちは昨夜のうちに話して、今日はそう言われても少し頑張って押し返すことにしていました。そこで改めて説得し「家族四人で学校に行こう」となりました。

歩いて十五分。無事に学校に到着です。玄関で校長先生に挨拶すると、優しく声をかけてくれました。幸太郎に「今の先生が校長先生だよ」と伝えると、温和さが意外だったのか「校長先生だったんだぁ」と喜びました。

始業式では、校長先生が様々な配慮をしてくださったと感激しました。全校生徒を代表して、幸太郎より一つ上の四年生の男子が作文を読み上げたのですが、失敗談から始まり、なんとか乗り越えて成長できたという勇気の出る内容でした。

校長先生のお話の中でも、きちんと転校生である幸太郎や香苗の名前も紹介してくださり、「温かく迎えてくださいね」と呼びかけてくれました。

最後に歌った校歌は、前の学校より明るいメロディーだと感じました。

この始業式に参加できた幸太郎や、残り数カ月の小学校生活で転校を余儀なくされた香苗を思い、私たちは目を潤ませていました。

九月二日。この日は初めての授業です。ゴールデンウィーク以来、ずっと不登校でしたから「勉強についていけないのでは……」という不安が幸太郎を襲います。

この日も朝は「行きたくない」と主張。それをまたやんわりと押し返し、美里も付き添って登校することにしました。

しばらくは一緒に登校しなければならないと美里は覚悟していました。教室での準備にも付き添いました。新しい級友たちの目の前です。幸太郎は「帰っていいよぉ」と、恥ずかしそうにしました。幸太郎は、幼稚園のときも、最初は美里が付き添わなければならない子でした。

なんとか授業を最後まで受けたこの日、下校時にも美里が迎えに行きました。

すると「幸太郎が放課後も校庭で遊ぶって！」との美里からのメールが、職場の私に届きました。このメールを見て、また涙が出そうに……。

日々、不安と心配と、感動と感激で、正直、私たちは疲れ果てていました。でも当事者の幸太郎は、もっともっと感情が揺さぶられていたはずです。

九月五日、月曜日。新しい一週間が始まります。案の定「今日は休む」と朝、また幸太郎が言いました。そこを妻と私と二人で押し返します。

幸太郎も負けずに「ママは、無理に学校に行かせることはしないって言ってたでしょ?」と反論します。しばらくやりとりを続け、毎日毎日、出発までの攻防となりますが、この日もなんとか登校することにしました。美里がまた付き添い、一緒に出かけます。昨夜も、深夜に虫さされの薬を塗ったり氷枕を追加したりと、確実に親子は寝不足です。でも、ここで休めません。

放課後、幸太郎は友だちから「遊ぼう」と誘われました。だけど「ゲームを持っていこう」と言われて「うちはゲーム禁止なんだ」と答えたら、「それなら三時間待ってて」と。

「みんなが変わって違う遊びをしたいんだけどなぁ」と幸太郎は言います。やはりこの地域でも男の子はゲームばかりなんでしょうか。妻は「もう少し、様子を見てからまた家族で相談しよう」とゲーム購入については、また先送りにしました。

それなら何かスポーツクラブにでも入ればいいじゃないかとも思うのですが、幸太郎は運動が好きなわけでもありません。むしろ集団で何かやることは苦手なタイプです。好きなのは虫とか鳥とか魚とか、自然です。自然に触れることが好きな仲間を探さなければなりません。誰かいないかなぁ。

この日、美里はカウンセラーの高田さんに電話をかけました。

様子を伝えると、こうアドバイスをくれました。

「そうですか。今の幸太郎くんなら押しても大丈夫ですよ。幸太郎くんが『ママ、無理に行かせないって約束したのに……』って言ってきたら、『人の気持ちは変わるの。一日目も二日目も頑張れたから三日目も頑張れるよ』って伝えて大丈夫です。ママが優しいから充電できてきているんです。厳しくしないと外に行けないという状態じゃないですから。このままでいい」

二学期が始まってから毎日、なんとか登校し続けています。勉強はとても苦痛のようですが、宿題はなんとかやっています。

しかし美里は夜、こう吐露しました。

「つらい。幸太郎と一緒に死ぬことも考えちゃう。だけど、そしたらお姉ちゃんとかパパは、どうするかな、とも考えるから……」

美里のギリギリの状態は、まだ続いていました。

それでも、前向きになれる瞬間もあります。幸太郎は児童館のチラシを自分で見て、自然観察の企画に申し込みをしました。

「前の学校でやったから……」と言って運動会に出たくない様子の香苗に「じゃあ、俺がお姉ちゃんの分も走るか」とも言っていました。タイミングによって元気そうな様子も見せています。

また時々、前の学校であったことを少しずつ話します。例えば、「前の学校では担任の滝沢先生にすごく怒られたから、怒られるのが怖いんだ。そういうときはねぇ、『ごめんなさい』とか『すみません』とか言うんだよ。とにかくすごく怖かったなぁ」と言っていました。

九月十二日、月曜日。一週間の中でも特に大変なのは、土日の休みが明ける月曜日の朝です。今朝も予想通り、起きたときから「学校に行かない」と宣言しました。朝ごはんはよく食べましたが、その後出発するまで葛藤が続きます。

美里はゆったりとかまえ、励ましの言葉をかけ続けました。最後は自分で立ち上がり玄関を出ましたが、まだ行きたくはありません。でも褒めて励ますと「そうかなぁ」と少し照れながら、自転車の後部にまたがったので、美里がそのまま自転車を押しながら学校まで送りました。

正門で校長先生に会い、美里が「幸太郎は、自分で立ち上がったんですよ」と話すと、「えらい！」と短く褒めてくださった上で「でも本当に無理だったら、お母さんに『ごめんなさい』って言っていいんだよ」と幸太郎に話しかけました。

幸太郎が朝ごねるのは「算数がわからない」とか「嫌な人がいる」という理由からです。「学校でもママがずっとそばにいて」と呟いてから、「やっぱりいい」と否定していました。

今朝、どうにかこうにかして登校できたことは「大金星」と見てよいのか、かなり無理をさせてしまったのか、美里にも分かりません。

まったく動かなくなるまで、押してみようと思ってはいますが、もしも無理がたたったらどうしよう……、と不安にもなります。校長先生は「一歩進んで、また下がることを覚悟しなくちゃいけませんよ」と話していました。

ただ登校途中、幸太郎には「今日、自分に勝てたことは本当にすごいことだよ。ママはそれがどれだけ大変なことか、よく分かっているから本当にすごい！　感動した。ありがとう」と伝えました。すると、自転車の後ろの席で嬉しそうにしていたそうです。だから、まだ少しは押しても大丈夫なのかなとも思います。

「幸太郎のいいところ」

九月十七日、土曜日。近所の川に自然観察ツアーへ行きました。児童館のイベントです。幸太郎の苦手な男の子がいたのですが、なんとか参加し、終わると思いがけず、力強い言葉が飛び出しました。

「なんて幸せなんだ！　学校にも行けるし。大丈夫だ。人生楽だ。やっていける！」

学校では、飼い始めた犬のレオンについて「とてもこせいゆたかです」と作文で書いて、みんなの前で発表し、喜ばれました。レオンがきっかけで家に遊びに来てくれた友だちもいます。

予防注射を受けに動物病院へ行き、お散歩デビューもしました。近所の方々からも「かわいいですね」と声をかけてもらえます。幸太郎一人で散歩に連れて行くこともあり、「えらいね」と話しかけられたと喜んでいました。

レオンのおかげで、いろいろと一緒に成長できて励ましてもらっています。そして何より家族皆で癒されています。美里も寝る直前に必ず、レオンをなでてから眠っています。

九月下旬のこと。美里が学校の正門まで迎えに行くと、幸太郎は「今日も行ったぜ」とひと言。でも続けて「明日は行かない」と。勉強でついていけないのが不安なのです。

また「リズム縄跳び」というのが難しく、友だちにいろいろと指導される状況になっているようです。「なんにもいいことがない。だけど給食だけはいいんだよな」とも話し、給食の美味しさが今のところ唯一の光明です。

登校するために家を出る際にも、玄関で座り込んでいる幸太郎に美里は「幸ちゃん、がんばれ！　幸ちゃん、がんばれ！」の掛け声を続け、なんとか立ち上がらせるのに五〜十分はかかります。一緒に出発しても、途中で何度かバックして帰宅しようとします。

どうやら「学校に行く」という「イメージ」そのものが悪いようです。だけど行ってしまえば、そこには「現実」が待っています。なんとか現実には対応できます。

小学校の対応は悪くなさそうです。毎日毎日「今日も大丈夫だった」と帰ってくる経験を積み重ねるしかないと思います。重い日々が続いています。

帰宅しても、友だちと外で遊ぶことはあまりなく、よく家にいました。そこで美里は、なんとか自信を持ってもらおうと「幸太郎のいいところ」をA3の大きな紙に書いて、壁に貼っておくことを思いつきました。

やさしい・男らしい・かわいい・きよう（器用）・歌が上手・お料理が上手・がまんづよい・責任感がある・ものごとの本しつを見ることができる・いいかげんじゃない・ちゃんとりんきゆうする・ちゃんとかんさつする・よいところを見ようとする・げんき・活発・明るい・自然にくわしい・読書家・好ききらいなくなんでも食べる

後で見ると「本当かな？」と思う項目もありますが、そんなの関係ありません。少しでもそういうところがあれば、順不同に思いつくままに書き並べたのです。

姉の香苗も「番外編」を付け足してくれました。

おもしろい・楽しいことを見つけるのが上手・アイデアが豊富・笑顔・もてるためにいろいろと考える・ファッションセンスが良い・フェルト犬づくりが上手・夢をたくさん持っている

仕事から帰宅した私も壁に貼ってある紙を見て「そうだね、そうだね」と一つずつ、読み上げていきました。

いじめ再発か!?

九月二十七日。幸太郎はこの頃、目前に迫った運動会での集団演技、縄跳びを使った体操の練習に苦しんでいました。自分の立ち位置が分からず、覚えられないのです。友だちに何度教えてもらってもダメです。

幸太郎が「ごめんね」と言っても、特に関わりの多い二人の友だちが、できないことにイライラして休み時間に幸太郎の真似をします。それを周りの子たちが聞いて、口の強い子が言いふらし、広がってしまいそうだと心配しています。

「前のいじめのときの未来のようで、怖い。いじめの臭いがただよってくるんだ」

一方、この学校には、前の学校と大きく違うところがありました。前に立っている男の子が「そんなに幸太郎くんに言ったら、かわいそうじゃん。やめて！」と言ってくれたのです。

それでも批判してくる相手が多くて、話が広まっちゃいそうだと言います。

何人かは幸太郎をバカにしたように話し、物真似をするのだそうです。「どこだっけー？」「は？　ここだよ」「ごめんねー」……。体育の終わった後の休み時間、教室の幸太郎のすぐ後ろで、まるでいじめるように話すと訴えます。

「ちょっとおもしろいなって周りの人も集まってきて、口が強い人に移っちゃうんだ。だけど担任の先生に言いつけたら、先生がプンプンして言った人を叱るでしょ。それはイヤなんだよ」

だけど前の学校の先生とは対応が違うはずです。美里は思い切って担任の武藤佳代先生に電話をかけました。先手を打とうと考えたのです。

「幸太郎くんは、確かに並ぶのが苦手です。でも勉強はできます。だから友だちは、幸太郎くんが、なぜできないのかが分からないのです。だからイライラする。ある女の子は私に困っていることを訴えに来ました。でも幸太郎くんの他にも、並ぶのが苦手な子は三人くらいいます。私からも『簡単には分からないんだよ』って周りの子どもたちにも理解させて、幸太郎くんたちには、これからも励ますようにしてやってみます」

武藤先生は、きちんと状況を把握してくれていました。

九月二十八日。この日も分からないことがあって、同じパターンになりそうなときが何回かあったようです。

いじめの再発か……。私たちが最も恐れていることだったので、一気に家族は緊張しました。

九月二十九日。虫に刺された手がかゆいこともあって、朝、幸太郎は学校へ行くのを嫌がりました。不安なんです。「行きたくない。怖い。また前と同じになったら……」。そこで美里は再び、武藤先生に電話をしました。

「今、三年生ですから成長の過渡期です。周りの子と自分を比べて、分かってくることが出てくる時期でもあります。昨日は『全体練習のときは少し早く来てね』という声がけが頭に残っていたのでしょう。幸太郎くん、ちゃんと早く来られました。少しずつ成長していると感じます。励ましてあげてください。運動会もどんな形になるか分かりませんが、とにかくゴールを迎えます。そして、その後また緊張がとけて、生活態度が元に戻ってしまうこともあるかもしれませんが『みんなもそうなんだよ』と伝えてください。そしていろいろな話を聞いてあげてください」

登校の際、校長先生とも少しお話できました。

「お母さん、一緒に不安にならないで、幸太郎くんの不安の言葉を安心の言葉に置きかえて伝えてあげてください。苦手なことは誰にでもありますから。友だちは幸太郎くんが困っていることが分からないから、心配して寄ってきているんだと思います。決して責めようとしているわけではない。前の学校でもそうだったのかもしれませんね。友だちに言うのは難しいでしょうから、担任の武藤先生にまず言えるようになっていくといいですね。『困っている。何回聞いてもわからない』ということを。自分の個性と付き合って生きていくのですから、困ったときの対処の方法を教えてあげるのは必要でしょう」

九月末。カウンセラーの高田さんに美里が状況をメールで伝え、移動中の車内から電話をいただきました。

高田 幸太郎くんの場合、特性として集団行動が苦手というのがあるのだから、引っ越して新しい環境に置かれても必ず経験することでしょう。それでも違う結果、つまり「いじめに遭わないことがあるんだ」ということを学びます。同じ状況でも、違う人の違う対応で結果が変わる。これを知るのです。違う答えがあるということですね。先生の対応の仕方が違って、結果が違う。
「先生こう言ってたよ」と幸太郎くんにも伝えて。それが彼の中に入ると思う。理解して対応するタイプのようだから、「友だちはちゃんと並べないことをイヤがってい

美里　るのであって、幸太郎くんをイヤがっているのではないよ」と話してあげましょう。友だちは「許したい」という気持ちもあるのだけど「ちゃんとやりたい」という気持ちが大きいんだね。「その両方の気持ちが戦っているんじゃない？」と話してあげようよ。

高田　そうですね。では、自分が困っていることを他人にうまく伝えるには、どうすればいいのでしょうか？

美里　丁寧に把握して鏡に映してあげる。「そういうことだよね」と正しく映してやる。そうすれば自分で対応できるようになるよ。

高田　「前回と同じいじめのパターンにはまりそうだ」と心配していることについては、どんなふうに伝えればいいでしょう？

状況が似ているから、同じだと感じていることについては「そうだよね。ママも心配になると思うよ」と同意してから、「でも、そうならなくて良かったね」と言ってあげたら？　「今、自分の状況が分かっているから、ママや先生が一緒にやってあげられるんだよ。よかったね」と伝える。

あれだけの苦しい思いをしたのだから不安を持つのは当然です。「いいんだよ。当たり前だよ。でも状況が分かっているから、同じ結果になることはないよ。あれだけ頑張ったんだもん。分かっている分、苦しみが大きいね。でも分かる量が増えているということもあるよ」って伝える。

美里　母親は「大丈夫、大丈夫」という姿勢で本当に良いのでしょうか？　本当に大丈夫なのでしょうか？

高田　大丈夫って思えない気持ち、わかるよ。でも大丈夫だよ！　頑張ってお母さん！

運動会

高田さんからのエールを受けて、美里はまた少し元気を取り戻せました。

とはいっても、この頃、実は美里の母親から私にこんな連絡が入っていました。

最近、美里が「疲れた。忘れ物をした。眠れない。偏頭痛もずっとある」と吐露したというのです。

心配した義母は私の携帯を鳴らし「精神病院に連れていった方がいいのでは？　うつ病かもしれないし、そうでなくても睡眠薬とかをもらったらどうかしら。まさかだけど若年性アルツハイマーとかは……。とにかく子育てに自信を失くしているのよ。たまには私に子どもを預けて夫婦二人でどこかに出かけるとか積極的にやってね」と話しました。

私は心配になり、すぐにカウンセラーの高田さんに電話をしました。

「とにかく神経が張り詰めているのでしょう。奥さんは繊細だし深く考えるタイプですからね。考えまい考えまいとするのでしょうが、考えてしまうんです。とにかく何よりも、安定するまでは遠慮なく、心配なことは私に相談してください。一人で抱え込まないといいのですが……」と、アドバイスをいただきました。

十月一日。こうして家族で、やっとこさっとこして迎えた運動会の日。幸太郎は走り、ちゃんと踊りました。赤組や白組の勝敗に喜んだり悔しがったり、無事に一日を過ごせました。私は美里と何度も「ちゃんとやってるね！」と確認し合いました。二人の目頭が熱くなりました。

翌日、幸太郎が書いた作文です。

『運動会ほんばん』

運動会はお客さまがいっぱいだったので、きんちょうした。でもやったら大丈夫でよかった。なわとびが一番しんぱいだったけど、いがいと大丈夫です。かえってきて、これでいいんだと思った。2位にときょうそうもなったからうれしかったです。

いろいろしんぱいしたけれど、それほどきんちょうしなかった。これからもがんばります。

特に、八十メートル走で二位になったことは自信になったようで、後日、別の作文にも書いていました。

運動会はたからものになってくれそうです。白ぐみと赤ぐみ、どっちがかってもいいけれど、運動会の中でも八十メートル走で手に入ったものを大切にしたいです。いっぱい、たいいく以外の勉強もがんばります。運動会のけいけんを生かして、これからも学校に行き、がんばり、楽しみます。

運動会のけいけんを生かして、これからも学校に毎日行こうと思いました。

この作文にも私たちは感激しました。

姉の香苗は、転校による二度目の六年生の運動会に複雑でした。運動会当日はなんとか励まして参加したのですが、急に足が痛くなり、得意の徒競走には出られませんでした。

二人とも大きな状況の変化という波にもまれつつも、なんとか現実に対応していました。

一方この頃、美里の疲れはたまりにたまって溢れそうになっていました。

十月十二日~十三日。有給休暇を取得し、夫婦二人で箱根に行くことにしました。

子どもたちは美里の母親が預かってくれました。義母も美里のストレスが限界に達していると感じていました。

物忘れが結構あり、もしや若年性アルツハイマーでは……。場合によっては精神科を受診させた方がいいとも言われ、私も戸惑っていました。

高田さんに密かに相談すると「確かに疲れてはいます。だけど幸太郎くんがしっかり立ち直らないと状態も良くならない」と。状況の改善を待つしかないというのです。

旅のおかげで、二人は気分転換できました。ゆっくり散歩して、じっくり話し合うこともできました。そして今後の方針について、三つのことを確認しました。

まず「いじめの兆候を掴むために、アンテナを一層、高くしよう」ということ。すでに幸太郎は再びいじめが勃発するのではないかと、不安な日々を過ごしていました。

次に「いじめられる要素をできるだけ減らそう」ということ。クラスの仲間たちと、ちゃんとやっていけているのかどうか。付き合いづらい人がいても、適当に距離を保つことを体得しているのかどうか。忘れ物はしていないのか。給食の際は上品に姿勢よく食べているのか。

三番目は「励ますこと」です。これが一番大事だと思っています。幸太郎が困っている要素を把握しつつ、「それでも大丈夫だよ」と自尊心を高めてあげるのです。自信が持てないと登校するパワーが出ません。

旅の翌日、二学期に入って初めて「送らなくていいよ」と幸太郎が美里に言いました。素直に美里は喜びました。私も大いに喜びました。

しかし翌週は、やはり送ることになりました。まさに一進一退でした。

人は傷ついた時間の二倍、癒されるのに時間がかかると美里はどこかで聞いたことがありました。その計算だと来年の四月まで。進学して四年生になる頃でしょうか。春はまだまだ先です。

「二学期にがんばったこと」

十月二十四日。転校して初めての個人面談です。担任の武藤先生がよく見てくださっているという印象を私たちは持ちました。よく分かってくれているのです。

席は一番前にしてくれています。算数は能力別で少人数のクラスに分かれていますが、幸太郎はその能力にかかわらず、とにかく武藤先生のクラスにして見守ってくれていました。

この頃、幸太郎は「学校はどうして行かなければいけないんだろう。山で遊んでいたいんだ」などとは言うものの、登校自体を嫌がらなくなってきました。

今も、朝は正門まで美里がレオンと一緒に行きます。片道十五分ほどかかりますが「散歩にもなるし」と美里も苦にしていません。

幸太郎の生活面では、相変わらず整理整頓が苦手です。電気をつけっぱなし。でも「怖い夢を見なくなった」など前向きな話も出てくるようになってきました。

「今の学校にはいじめはあるの?」と真剣に聞いてみると、近所の子に対して「いじめらしきものはある」と言うではないですか。「だけど自分にはちょっと対応できない」と言うので、別のクラスの子ではありますが、美里が武藤先生に電話で伝えました。

いじめに関しては特に早期発見・早期解決が大切なはずです。気になることはすぐに学校に報告しておきたかったのです。

十一月五日、土曜日。学校公開で私たちは幸太郎の様子を見ることができました。注目したのは、休み時間の過ごし方です。休み時間は一人で校庭で散歩していると本人から聞いていたので、やはり心配でした。

二学期が始まって二カ月。クラスメイトと仲良く交わっている感じはしませんでしたが、いじめられている雰囲気もありませんでした。

給食でも、おかわりをするために前の方に出てきてジャンケンをする「おかわりジャンケン」に参加できていないと幸太郎は話していました。お腹がすいていても我慢しているそうです。とにかく一歩ずつ一歩ずつ、焦らず前へ……です。

十一月二十四日。幸太郎が隣の席の女の子とトラブルです。女の子が武藤先生に「幸太郎のうなずき方が気に食わない」と言ったそうです。「どんなのなの?」と先生はその女の子に聞いたのですが、再現できず、分からない感じでした。これを聞いた私たちは、もしかしたら幸太郎の「かっこつけてしまう」感じがむかつく理由かもしれないと思いました。

かっこつけは、いじめ以降、幸太郎がなんとなく防衛本能からやっているようでした。

今回のトラブルで、再び「学校には行きたくない」というモードになってしまいました。それでも美里がまた励まし、翌日、なんとか行けました。

この頃も毎晩のように「オレは、大丈夫かなぁ……」、「オレ、大丈夫って信じていいんだよね？」と幸太郎は美里に何度も聞いていました。

十一月二十八日。ようやくこの頃、幸太郎は一人で登校できるようになってきました。とはいえ夜は、まだ一人では寝つけません。

何日か前も「いつまでママと一緒に寝られるのかなぁ？」と心配そうでした。「夜、一人きりになると前の小学校のことを思い出しちゃうんだよね」とのこと。

女の子とのトラブルは、小康状態が続いていました。「隣の子がオレの何を気にしているのか分かったよ。『あんた、耳が悪いの？』ってオレのことを思っているみたいなんだ」と言います。それでも、あまり引きずってはいない様子です。

最近は放課後も友だちと少しずつ遊べるようになって、そっちの方が関心事になってきました。「最近は放課後の方がいろいろあって大変なんだよな」とも。訓練、訓練です。

十二月一日、保護者会の日。美里が直接、武藤先生と話したところ「毎日、少しずつですが、力が抜けてきています。まだ周りを見る余裕はないのですが、だんだん『みんなと同じなんだな』って分かってくると思います」と。美里は「先生のおかげです」とお礼を述べました。

夜、美里が「心の傷は治ったの？」と聞きました。幸太郎は「いや、まだ治っていない」と答えました。今でも、前の小学校の名前がたまたま幸太郎の目に入ると「ペタン」と座り込んでしまうことがあるのです。

十二月初旬。「武藤先生が、ガハハハハって弾けて笑う素敵な笑顔を見たよ」と、幸太郎が嬉しそうに学校での出来事を話してくれました。

学級のお楽しみ会で「いつ・どこで・誰が・何をした」をバラバラにアイデアを出しあって、順不同に読むと「おもしろ作文」になるというものです。しかも、幸太郎が提案したアイデアだったと言います。「友だちいっぱい作ったな」って嬉しそうでした。

また、武藤先生の本物の笑顔に出会えたことはその後も何度も私たちに話してきて、本当に喜んでいる様子が伝わってきました。

十二月中旬。幸太郎は、だいぶ元気になってきました。

放課後、児童館に行くこともあります。「新メンバーだ！」と迎えられて、本人曰く「大変だった」けどイヤな思いをすることはありませんでした。

まだ寝る前だけは不安な様子で、「大丈夫かな……。怖いな。ママ、ずっと一緒にいてくれる？」、「ママ、幸ちゃんと結婚してくれる？」と話していました。

わが家にとっての「激動の一年」が間もなく終わります。

十二月末。美里はカウンセラーの高田さんへ「ようやく平和な日常が戻りつつあると感じます」と、一年を締めくくる御礼のメールを書きました。高田さんは「遠慮なく電話もしてきてね。一人で抱え込まないで」と、ありがたいメッセージを返してくれました。

同じ頃、幸太郎はこんな作文を書いて、学校に提出しました。

二学期にがんばったこと

ぼくは二学期に、発言や発表をがんばりました。それは一年生や二年生のときは苦手だったからです。

ぼくは一年生や二年生のときは、発言や発表があまりできませんでした。そのころは休み時間にともだちがみんなと遊んでいても「入れて」などと言うのもあまりできませんでした。そう言ったら友だちがどういうふうに思うかこわかったからです。

それでこわくなっていたら、同じ組の友だちがあるとき「ドッジボール、いっしょにやろうよ!」と言ってくれました。その日の午後、お母さんからは「自分から『入れて』と言わないと入れてもらえないよ」と言われていました。そんな感じでやっていたのですが、まだあまり発言はできませんでした。

一〜二年生での算数や国語のときも、はずかしくて、それと発言や発表をしたらどう思われるのか、こわかったから言えませんでした。そして三年生になった感じです。そして三年生のときにはがんばりなどがいいのか、三年生になったら心が強くなって、発言や発表ができるようになってきました。

休み時間も「入れて」などと言えたり、じゅぎょう中、発表などできるようになったりしました。たぶんいろいろな人を見ていたら大丈夫かなと思ったんだと思います。

これからもいろいろな意見や言葉などを言ってみたいです。でもかんぜんに大丈夫ということではあまりないので、これからもがんばりたいです。

作文は美里も感動させました。美里の就寝後、私が帰宅すると、すぐ気づくようにと作文をリビングのテーブルに広げておいてくれました。

私も「ここまでたどり着いたか」と嬉しくなって涙が溢れ、仕事の疲れも吹っ飛びました。

学期末ということで、新しい学校で初めての成績表も受け取りました。

欠席数が風邪等で病欠したわずか三日間だけだったことが、私たちとしては何より嬉しいことでした。成績はもちろん、それほど良いわけではありませんが「所見欄」を見て、さらに希望が持てました。

学校生活に慣れ、班の友だちと楽しそうに会話する姿が見られるようになりました。国語の学習では、登場人物の気持ちを想像して積極的に自分の考えを発表しました。漢字学習は、初めの頃、覚えるのに苦労している様子でしたが、テストで書ける字が増えて自信がもてるようになりました。リコーダーも上達し、上手な指使いで演奏できました。ぐんぐん成長した今学期です。

「ぐんぐん成長した今学期です」

家族が揃っているところで私は大声でこれを読み上げました。

年末年始。私はほとんど休みがなく、そんな中、美里は風邪をひきました。反面、いいこともありました。美里が寝室で眠り続けているので、幸太郎は一人でようやく眠ることができたのです。寝つくまで美里が添い寝しなくても、もう大丈夫そうです。

将来の夢

一月中旬。幸太郎は、昼休みになると必ず決まったメンバーでドッジボールをしているようです。休日にも私を誘って公園に行って練習しました。なかなか強いボールが投げられるようになっていると肌で感じます。

でもコントロールが悪いので、私がネットのついている方に行こうとして「幸ちゃんは、あっちから投げてよ。下手くそだから」と口を滑らせると、かなり怒り、しばらく沈んでいました。私は「ごめんね。でも、ほら、切り替えて！　今はその練習だよ」と言ってみました。

言葉へのこだわりが強い幸太郎ですが、だいぶ短時間で気持ちを切り替えられるようになってきました。それでも、こうしたこだわりが集団遊びの際、トラブルのもとになるのではないかと感じました。

親子でイライラして帰宅しても、うちで待っていた小犬のレオンが二人を癒してくれます。ペロペロと顔を舐めて慰め、私たちを笑顔にしてくれるのです。幸太郎の涙は特に美味しいのか、嬉しそうに尻尾を振って舐めまくります。

その姿は神々しく、犬ですが、本当に「幸せの青い鳥」だと家族皆で感じていました。

一月末。学校での美術展を見に行きました。立体工作で幸太郎は「からくりジャパン」と名づけた作品を作りました。他の友だちのものとはまったく違う、動かして遊べる立体に驚いて褒めると、「物づくりが大好きだからね。将来はデザイナーとか、何か開発することをやろうかな」と言いました。

さらに「お医者さんもいいなって思っているんだ」と。学校にある偉人たちのシリーズ漫画で北里柴三郎や野口英世を知り、そう思ったようです。また、「福澤諭吉にも憧れるなぁ」とも。

笑ってしまったのは、幸太郎が「でも将来の将来は、森の中で暮らしたいな。森の中で松尾芭蕉のように暮らしたいんだ」と言ったからです。

一時は自死すら頭をよぎっていた幸太郎が、自分の将来をイメージできるようになってきたのかと思い、私はまた胸が震えました。

素早い対応

二月中旬。数人の女の子とは相変わらず、あまり関係が良くないようでした。くじ引きで隣の席になった女の子には「机を離されたり、無視されたりする。仲間とオレの悪口をまた言い合っている」と私たちに訴えます。

武藤先生に聞くと、考えられるきっかけがあったそうです。クラスのみんなに先生が注意した直後なのに、幸太郎だけが帽子をクルクルと回してしまったのです。「それを女の子から注意されてはいたけど、深刻そうには見えなかった」とのこと。

他にも幸太郎には忘れ物癖があったり、給食をクチャクチャ音を立てて食べたり、花粉症もあって鼻水をスプラッシュさせていたり……。集中すると他人の声が耳に入ってこなかったり、注意されてもヘラヘラ笑っていたり……。いくつかの点がやはり気になって、イヤがられているようでした。

武藤先生は、その女の子たちと幸太郎を放課後に呼び出し、すぐに話し合いの場を作ってくれました。「お互いに、ためないで言えるようにしようね」と両者に言った上で、先生は女の子たちに「でも、君たちの指摘はいじめに繋がってしまうかもしれないんじゃないの？」と聞きました。すると彼女たちはハッと何かに気づいたような表情を見せたそうです。

後日、幸太郎から聞くと、前の学校では「一人VS全体」になったけど、今の学校では「一人VS一人」がたくさんあっても、その度に武藤先生が双方を放課後に呼び出し、トラブルの芽、いや根っこを一緒に解決してくれるのだそうです。

二人の子どもが揃うと、先生は一人ずつにまず聞きます。「何があったの？」「なぜこうなったの？」「何がイヤだったの？」「どっちが悪いと思う？」……。

先生は質問するだけ。一人が話している間に、もう一人が反論することはできません。先生による一連の質問が終わったら、もう一度、先生が二人の話を聞いた上で分からなかったことを聞きます。これを場合によっては数日間にわたって何度もやります。

すると魔法が起こるというのです。自然とどちらが悪かったのか判明してしまいます。あとは、どちらかが謝るだけです。しかも、遊びたくて仕方ない放課後の貴重な時間です。「悪いな……」と思っている方が最後は謝って、ハイ！　おしまい。

しかも、続きがあります。二人とも「何が悪かったのか」が分かっているので、次のトラブルを防ぐことができるのです。

前の学校では、先生から見えないところで発生したトラブルについては、「分からないから」

と放置されたそうです。少なくとも、それが幸太郎の見た両校、そして先生たちの大きな「違い」でした。

三月中旬。女の子たちとのトラブルはしばらく収まっていたようです。それでも、ある日、幸太郎が給食の時間にワッと泣き出しました。「隣の女の子と話が弾まない。無視されていると感じる」と武藤先生に訴えました。なんとか立ち直って、最後の五分くらいで給食は食べられました。下校のとき、一人で教室に残っていたので、先生が声をかけてくれました。「あの子とは合わないんだ」という幸太郎に、先生は優しく「先生にもどうしても合わない人っているんだよ」と返してくれました。幸太郎は、少し落ち着いてから帰宅の途につきました。

学校を出た直後、先生は美里へ電話をくれました。状況を説明した上で「どんな様子で帰宅するのか、見てあげてください」と。美里がレオンを連れてお迎えに出てみると、レオンとかくれんぼするような仕草をするなど、割とニッコリ顔で帰ってこられました。

前の学校のときともう一つ、そして決定的に違うのは、こうして学校・保護者・幸太郎という三角形のコミュニケーションがきちんとできていることです。もちろん担任との信頼関係がベースにあります。本当に、ありがたいことです。

相変わらず幸太郎は、その女の子のことを気にしています。どうやら、いじめ被害を経験したせいか「みんなと仲良くしたい」という気持ちが強いのです。そこに自分の設定したハードルを構えているので、どうしても届かず「自分はダメだ」と落ち込んでいました。

そこで幸太郎に「パパも会社でイヤな人の隣の席になることもあるよ。でも仕事で一緒にやらなきゃならないから、気分転換しながら適当に付き合うんだよ。将来、幸太郎も社会に出るわけだし、いい訓練なんじゃない？」と話すと、「そっかー」と言って自分の部屋で遊び始めました。

いじめのトラウマゆえのトラブルなのか、幸太郎の特性ゆえのトラブルなのか。

もしかして幼いときのソーシャルトレーニング、人と交わる訓練が足りていないのではないかとも感じています。

幸太郎は幼稚園のときも、あまり楽しそうには通っておらず、放課後は美里の見守る中、公園で一人で土いじりを楽しんでいました。当時は「それはそれで楽しそうだし……」と思って好きにさせていましたが、今になって、もっとやりようがあったのではないかと考えてしまいます。

まぼろしの小さい犬

三月十七日、金曜日。土曜日からの連休を前に、わが家と友人の家族とで小旅行をすることにしました。レオンも連れていきます。そこで悲劇が起こりました。

高速道路のサービスエリアで、レオンが飛び出して死亡してしまったのです。リードは私が管理しているはずの時間帯でした。完全にミスでした。

私は「レオン！」と何度も名前を大声で叫び、泣きました。子どもたちが来ると、泣きながら深く謝りました。近くの動物病院でレオンの死亡を確認し、旅行は中止となりました。

寿命を迎えるにはもちろん早すぎる年齢でした。本当に申し訳なかったです。

翌日、庭に遺体を埋め、そこに植物の苗を植えました。その日も、その翌日も、家族皆で泣きました。一人、美里だけは、気丈に振る舞おうとしていました。

私は悲しみの中にずっといて、後悔しては自分を責める時間が続きました。

ごめんね、レオン……。そして、本当に、ありがとう。

香苗は「幸太郎が元気になったのを見届けたから逝っちゃったんだね」と言いました。私はレオンが亡くなった日の夜空に星が瞬いていたのを思い出し「レオンは星になってこれからも見守ってくれているよ」と呟きました。美里は「きっと神様の近くでリードなしで楽しそうに走り回っているよ」と。

そして幸太郎は「いや、まだきっと僕たちの近くにいるよ。僕の近くにいるんだよ」と言いました。『まぼろしの小さい犬』（岩波書店）という物語を最近読んでいたからかもしれません。

レオンが亡くなってしばらく悲しみが続きましたが、美里はショックのあまり、ずっと続いていた神経性の胃痛が「収まっちゃった」と言いました。

幸太郎が三年生の夏に、レオンは生後数ヶ月でやってきて、いじめ後遺症からの脱出にどれほど役立ってくれたか分かりません。何度も家族で笑い、家族で癒され、家族で公園へ出かけ、体を動かす機会も増やしてくれました。

いじめ後遺症からそろそろ抜け出せるという感触を掴みつつあったこのタイミングで、レオンは天国に行ってしまったのです。

三月二十一日。週明け、幸太郎は熱を出して学校を休みました。連絡帳に書いてあったことをもとに、武藤先生はクラスのみんなに愛犬の死について話してくれました。

幸太郎は「お前の犬、死んだんだって？　どうして？」としつこく聞かれることを恐れていましたが、そんな子は一人もいなかったそうです。誰もが皆、「大丈夫？」「つらかったね」と優しい言葉をかけてくれたと言います。

三年生が終わるまで、あと数日です。

三月二十三日、終業式。大変な三年生が終わりました。

前の学校での幸太郎の一学期の成績表には全て斜線が引かれ、なんの記述もありませんでした。一学期の授業に出席できたのはわずか二十日間だけ。残りの五十五日間は欠席でした。

それが転校後の二学期と三学期はなんとか通い続けられ、欠席はわずか三日間です。それほど良くはありませんでしたが、ちゃんと成績もつけてもらえました。二学期から三学期にかけて「よくできる」の数も増えていました。

「頑張ったね」と私は幸太郎を褒めてあげました。

―その後の幸太郎―

あれから数年が経過しました。幸太郎は引っ越した公立小学校の高学年に在籍中で、香苗と同じ公立中学校に進学する予定です。電気の消し忘れが多いなど日常生活でキチンとできないことはありますが、ほとんど欠席せず元気に学校に通っています。

相変わらずゲームはしていないので、ゲームで繋がる人間関係はありませんが、スポーツや夏休みのキャンプを通しての友人関係が近所にでき、放課後も気の合う仲間や弟分たちとよく遊んでいます。

勉強は、「クラスの真ん中」のレベルです。子どものうちはよく遊んで、たくさん読書して、いろいろな経験をしてエネルギーを貯めて、高校受験にむけて頑張ってほしいと思います。

いじめ被害を受けている最中のやりとりを振り返ると、小学三年生にしては多彩な言葉を使うなと思っていましたが、今、特にそう感じることはありません。それまでの読み聞かせや読書量の多さもあったはずですが、当時は生命の危機に直面し、生き残るために自分の頭で必死になって考えて出た表現力だったのではないでしょうか。

心の傷から様々な言葉が溢れ出し、そのことが彼を癒やしていった面もあると思います。いわば、心の防衛本能、もっと言えば生存本能が働いたのです。

妻がじっくり「待つ」時間を設けたことも、きちんと彼の言葉を引き出せた理由の一つだと思います。安心して話せる人にとことん苦しみを吐き出せる機会があって、幸太郎の心はなんとか助かったのかもしれません。カウンセラーの高田さんのアドバイスも効果がありました。

家族が、特に美里が、できるだけ穏やかな心の状態で幸太郎の話をじっくり引き出せたことは、とても大切なことでした。

ちなみに、高田さんによるカウンセリングは、引っ越し後も続きましたが、その費用は引っ越す前の自治体が負担しています。いじめによる引っ越しの費用を加害者に負担させた判例もありますから、当然の措置だと思っています。

そもそも、幸太郎をいじめから救う大事な一歩となったのは、私たち両親への被害の吐露でした。被害児童が誰にも言えずに我慢した結果、最後までその苦しみに誰も気づけず、自殺してしまったケースもあります。小学三年生だったわが子の場合、小学校の高学年や中学生と違って普段から母親との距離が近いのも事実です。それでも、普段からきちんと親子の会話を交わしてきたことが、功を奏したとも思います。

私たち両親が一番大事にしたのは「いじめからわが子を守る」ことでした。その目的だけはなんとか果たせました。

それにしても、やはり公立学校は、どの地域にあるかによっても、中身は大きく左右されます。前の学校は都心に近くて共働きが多く、世帯収入も比較的高いエリアでした。教育熱心な親たちには常にどこか緊張感があり、少しピリピリしていた気もします。

引っ越し後、通勤時間は長くなりましたが、自然も残っているせいか、地域の人たちも基本的にのんびり、ゆっくりと、深呼吸しながら暮らしている印象です。街には緑が多く、季節ごとに咲く美しい花、鳥の鳴き声が響いていて、そんな中、近所の人たちが井戸端会議をしている姿もよく見られます。

のんびりとした空気は、小学校にもあります。先生同士も気軽に何でも話し合っている雰囲気です。

クラス単位で大縄飛びをやるにしても、前の学校と今の学校とでは、設定するハードルのレベルがまったく違います。前の学校では、どのクラスもテレビ出演できるのではないかという程、スピード感溢れる中で跳び続けていました。それはそれで子どもたちも楽しそうでした。でも今の学校での大縄飛びは基本的にゆっくりです。ゆっくり楽しんでいます。

また圧倒的に異なるのは、私立中学校を目指す受験生の数です。前の小学校では半数近くもいました。多くの子どもが塾通いをして、おまけに習い事も忙しそうで、時間にわりと余裕のある子育てをしているわが家の子どもたちは、放課後の仲間探しに苦労していました。一方、今の小学校では、中学受験するのは全学年で十数名、一割ほどです。

実は私も中学受験の経験者です。しかし中学受験は、いかにも「親にやらされた感」がありました。塾ではカンニングをしていましたから、実力がつくはずがありません。結局、受かったのは滑り止めの私立中学校だけ。無駄な出費をさせました。

その後、ようやく自ら学ぶ喜びを見出して記者になりました。そして地方の公立高校出身の優秀で逞しい先輩や同僚、魅力的な取材対象者にたくさん出会いましたが、直感的には彼らに生涯を通した「伸び」を感じます。子どもの頃のたくさんの「遊び」や、多様な仲間たちとの「学び合い」が、その鍵だと思います。

どうしても中学受験は子どもたちの心をストレスにさらすと思います。それも人生の訓練なのかもしれません。しかし、いじめの背景に子どもたちのストレスがあることは間違いありません。また、中学受験組の子どもたちにとって公立小学校の授業はレベルが低すぎて、正直に言えば授業は「リラックスタイム」に過ぎません。そんな中で、できない子たちを卑下するような、いじめに繋がるような空気も広がるのではないかと思います。

いじめ自殺の遺族で、NPO『ジェントルハートプロジェクト』理事の小森美登里さんに話を聞くと、「競争社会はいじめを生むと確信した」と仰います。

「子ども本人の意思ではない受験戦争や、学校での過度な競争は子どもたちの時間と心の余裕を奪い、人間関係に悪影響を及ぼします。それがいじめに繋がれば学級全体の成績も下がることを、ある学校の校長先生から聞きました。競争すれば負けたくない、他者よりも自分が秀でた存在でいたいと思い、周りが敵になってしまいます。自分の得た知識や情報は自分だけのものとなり、そこには支え合いの精神がありません。逆に競争といじめの無い人権を大切にするクラスは知識や情報を共有し支え合うので、自然と成績も上がるのです」
「今、この国で競争をやめさせる事ができないのなら、この国の未来を創る子どもにとって『真の幸せとは何か』を考える環境を学校に作ることはできないのでしょうか。その積み重ねの先に光があると思います。そして成長の差が大きい小学校低学年こそ、お互いの違いを知り、それを受け入れられる絶好の年代だと思います」

私たちが引っ越した先の今の小学校は、確かに前の学校に比べれば「過度な競争」はありません。でもまったくトラブルがないかと言うと、そんなことはありません。油断大敵です。先生のレベルもいろいろです。いじめは場所を問わず全国各地で起こっています。都会でも田舎でも、クラスや学校の規模を問わず発生しています。

実際、今の学校でも「いじめ」に繋がるのではないか、と心配することは起きています。学校の指導が届きにくい両親のもとで育っていると思われる児童もいます。

それでも転校してからは、幸太郎・友だち・学校・母親の力でトラブルの初期消火ができています。いじめの芽がなんとか摘み取られているようです。

なぜ、前の学校では、できなかったのでしょうか？　なぜ、二〇一三年に施行された「いじめ防止対策推進法」の法の精神とも言える「いじめ対応が最優先」が根づいていなかったのでしょうか？

最後に、本稿を読んでくださったいじめ問題の研究者が指摘してくださった、今回の問題からの教訓を記したいと思います。

「まず、この記録には、不適格教師ぎりぎりレベルの担任が二人登場する。前任者については、例えば『あまりうるさかったらガムテープだよ』(p136)という発言などが心ない。児童は往々にして、おとなの発言や期待に沿って行動化するということを考えなかったのだろうか。後任の担任教師は若さもあるかもしれないが、あまりに力不足に思える。記者である父親が思わず『この本を読んでください!』と声を荒らげて菊池省三氏の本を渡したというエピソードがあったが(p92)、確かにこの教師には、菊池先生のような『一人一人の違いと尊さ』を根本にした授業姿勢を、一日でも早く修得していただきたい」

「校長や副校長も管理職として不適格とまでは言わなくても、疑問符がつく。例を挙げれば、幸太郎くんが小学校二年生のときに物を隠されたという『いじめを疑うべき情報』を担任から吸い上げられていなかったこと(p135)。担任の問題もあるが、学校の体制として、これが認知できていないのは、いじめ防止対策推進法にのっとった対応が出来ているとは言えない。もう一つの失敗は、この抑圧的な前任者のあとに、放任的な後任者をもってきたことだ。このような組み合わせによって問題が生じるという捉えは、私が尊敬する先生方の中では常識。さらに両親との面会場面では、担任をかばいつつも責任逃れをしようという自己弁護の態度を感じる。その席上での『学校は行かなければならないところ』（p141）との発言も問題外だ。子どもにとって学校で学ぶことは『義務』ではない。義務教育の義務は、大人の世代にある義務。前の世代に受けた恩恵を、次の世代に返す義務。子どもには、教育を受ける権利があるのみ。そんな基本的なことすら理解していないとしたら、どうして管理職をやれているのか驚きである」

「けれども、担任の二人と管理職の二人の四人とも、ただちに不適格とするのは難しいようだ。もしも決定的に不適格な人がいれば、教育委員会はその人を現場から外せるが、この記録のように△レベルでは、なかなか外せない（実は、なんらかの処分をされたのかもしれないが）。そして、今の教育現場に人数的な余裕はなく、担任につけざるを得ない状況もある。△の教員がこのように複数いると、『誰のせい』と、はっきり言えないモヤモヤの中で、ご家族は苦しまれたと思う。非常に申し訳ない」

「管理職は『いじめ防止対策推進法』に基づいた取り組みをきちんと行い、全教職員に『いじめ対応が最優先』と徹底し、チームで、仮に困った△の先生がいてもサポートする体制を構築し直さなければならない」

「この記録は、教育現場で、なぜ、決定的な不適格者がいなくても問題が発生するのかを描き出し、私たち教育関係者に教訓を与えてくれている」

この研究者は、長年、様々な学校の教師や管理職と協働して、先進的な実践を支援してきた方です。ご指摘をいただいて、大変、考えさせられました。

そして、親として確信したことがあります。

現今の体制の学校に子どもを通わせている以上、大勢の「先生」のなかには不適格に近い教師や管理職もいる、という覚悟をしなければならない、ということです。「わが子だけ、入学から卒業までずっといい先生のみが担任してくれれば」という願いは、わがままなだけではなく、現実的ではないのです。

では、どうすればいいのか。力量不足の教師も支える「チームとしての学校」が機能しているかどうかを見守り、建設的な提言をし、ときには応援しなければなりません。見本となるような先生に、そっと囁いて心配な教師のサポートをお願いすることも必要なのかもしれません。

しかし、そこまで親がしないといけない教育制度は、このままでいいのでしょうか。

私たち両親は、わが子を守るために、必死の一日一日を生き抜いてきました。こうして記録から振り返ると、自分たちが完璧であったわけではないとも思います。しかし、必死の日々の真っ最中は振り返る余裕などなく、ただただ前を向くしかありませんでした。まさに、ぎりぎりの日々であったと思います。

日本のどこかで、私たちと同じような思いの家庭が、今、まさに、苦闘されていると想像しつつ、執筆を終えようとしています。この記録は、私たちの記録であるだけではなく、今、まさに日本各地で起きていることと、本質は同じなのかもしれません。

悲劇は、もう繰り返してはいけません。苦悩を、これ以上拡げてはいけません。

学校現場の全ての教職員が、私たちのようないじめ被害者を一人でも減らすために、皆で「いじめ対応、最優先」を徹底してもらいたいです。

学校が変わる。そのための一歩一歩を、私もより多くの人と歩みたいと願っています。

おわりに

この本は、いじめ遺族の集いを取材した際、記者会見で何度も挙手して質問していた私に、WAVE出版社長の玉越直人さんが声をかけてくださったのがきっかけで誕生しました。今回、玉越さんは私にも貴重な機会を与えてくださり、編集者の野津山美久さんと共に的確なアドバイスをしてくださいました。

長男へのいじめは言葉による心への暴力で、体にも大きなダメージを与えました。不登校の日数は五十五日でしたが、小学三年生の小さな子どもが精神的に追い詰められ、夜は唸り、一人で眠れず、不眠症になりました。「きたない」「クサイ」という加害者の言葉が心に刺さり、何十回となく体を風呂場でこすっていた夜もありました。命を絶つことすら考え、それを口にしていました。

さらにフラッシュバックやトラウマ、心への悪影響など、「いじめ後遺症」は、これからも成人になるまで親として心配し続けなければなりません。実際、長男は救急車のサイレンや雷、怖いニュースなどに敏感で、いじめ被害によって過度に心配症なところがあるのではないか、とも感じます。

英ウォーリック大学のレイヤーらが二〇一五年に報告した研究[＊1]によれば、子どものときに同級生から受けたいじめは、大人から受けた虐待よりも深刻な精神的影響を与えるといいます。

東京大学大学院（医学博士・臨床心理士・准教授）の滝沢龍らによる二〇一四〜五年の研究報告[＊2]も、子ども期のいじめ被害は、中年期まで抑うつ・不安などの精神疾患発症リスクに加え、肥満傾向や、血液中の炎症反応の程度を示す炎症指標といった「隠れた傷跡」としての慢性的な影響を与えることを明らかにしています。また子ども期のいじめ被害で、その後の人生を通じてメンタルヘルスサービスの利用が多くなることを示し〔＊3〕、社会的コストへの影響が甚大であること、学校での予防教育プログラムの費用が安価であることを示しました〔＊4〕。

いじめ防止に取り組むスウェーデンの非営利団体「Ｆｒｉｅｎｄｓ」も、いじめ被害による経済的損失額を算出しています。スウェーデンでは毎年六万人の子どもがいじめに遭っていて、その一割が大人になっても何かしらの悪影響を受けているとした場合、損失額は百七十五億スウェーデンクローナ（約二三八〇億円）になります。これは教員数を二割増やすことができるほどの額だということです（2015YECスウェーデンスタディーツアーによる報告：両角達平氏）。日本の場合もこうした研究をもとに、エビデンスのある対策にしっかりと予算をつけていじめ予防対策を早急に、重点的に、効果的に実行すべきです。いじめ後遺症による影響の最小化の研究も必要です。

家族など身近な人との「あたたかい関係」がいじめによる悪影響を小さくする、との報告もあります。わが家のように大変な状況への対応方法をカウンセラーと共に探るのも、その方法の一つではないでしょうか。いじめ対応カウンセラーと言えば、通常は被害児童へのケアをイメージしますが、被害児童の保護者へのケアも積極的に検討していくべきです。保護者が少しでも「いい状態」でいることは、被害児童を救うことにも繋がるからです。

いじめのダメージは、被害者だけでなく意外にも加害者の子どもたちにも将来、悪影響を与えるといいます。彼らを放置した結果、大人になってから犯罪者になるリスクも高く、こちらも社会的なコストが必要になるのは言うまでもありません。

そして私たちのように、被害者家族も相当な二次被害を受けます。ストレスと疲れで、私も妻も心と体のバランスを崩しました。眠れない夜も何度もありました。私は耳鳴りを発症、妻は今も原因不明の腹痛を抱えています。母とわが家は絶縁状態になりました。いじめ対策で疲弊している私たちに、長男への投薬や改名を強く勧め、やむにやまれぬ引っ越しにも理解を示さなかったことがきっかけです。母とはそれまでにもいろいろとありましたが、いじめが決定打となりました。後期高齢者の母の「常識」をもとにすれば、仕方のない発言もあったのかもしれませんが、読者の方たちの周りに被害者がいたら、その家族を温かく見守りサポートすることをお願いしたいです。

いじめが問題視されてもう数十年が経ちます。研究が重ねられ、国も「いじめ防止対策推進法」を作るなどしてきましたが、いじめ対策は道半ばです。

学力向上やアクティブラーニングもいいのですが、教育の大前提として「いじめ対応・最優先」を精神とした本気の取り組みが必要です。それが学力向上にも繋がります。

問題教師への対応や研修も、穴だらけです。国の教育システムとしてどうすべきかをきちんと見直し改善すべきです。先述の小森さんに長男のケースを話すと「この学校にも担任教師にもいじめ対応スキルがない！　そんな学校がそんな教員を『担任』という一国一城の主にして放置した結果、幸太郎くんは大変な苦しみを味わった！」と、ご自分のことのように一緒に憤ってくださいました。

これまでのメディアのいじめ報道も足りませんでした。事件や被害者の悲しみを断片的に伝えるものが多く、対策についての視点が欠けていました。私もその一員として反省しています。今後、「いじめ」という大きな謎に迫り、その解決策を探っていきたいと強く願っています。

ここまで全て読んでくださり、ありがとうございました。この本の売上げの一部は、いじめ対策と、それに繋がる子育て支援の活動に寄付します。

二〇一八年十月末日

鈴木真治

[＊1] Lereya,S.T., Copeland,W.E., Costello,E.J., & Wolke, D. 2015 Adult mental health consequences of peer bullying and maltreatment in childhood: two cohorts in two countries. The Lancet Psychiatry. [＊2] Takizawa R, Maughan B, Arseneault L. Adult health outcomes of childhood bullying victimization: Evidence from a 5-decade longitudinal British cohort. American Journal of Psychiatry 2014; 171: 777-784.及びTakizawa R, Danese A, Maughan B, Arseneault L. Bullying victimization in childhood predicts inflammation and obesity at mid-life: a five-decade birth cohort study. Psychological Medicine 2015 Oct;45(13):2705-15. [＊3] Evans-Lacko S, Takizawa R, Brimblecombe N, King D, Maughan B, Knapp M, Arseneault L. Childhood bullying victimisation is associated with use of mental health services over 5 decades: A Longitudinal nationally-representative cohort study. Psychological Medicine. 2017; 47: 127-135.) [＊4] Brimblecombe N, Evans-Lacko S, Knapp M, King D, Takizawa R, Maughan B, Arseneault L. Long term economic impact associated with childhood bullying victimization. Social Science and Medicine. 2018 (in press)

鈴木真治（すずき・まさはる）

在京のテレビ局で20年以上にわたり記者として勤務。これまで、いじめをはじめとした教育関係の問題についても取材を重ねてきた経験を持つ。実体験を綴った本書では、家族、職場、舞台となった学校など、周囲に与える影響を考慮し、仮名で執筆。

装丁／内川たくや
DTP／小平智也
編集協力／野津山美久（薫風社）

うちの子もいじめられました
「いじめ不登校」から「脱出」まで150日間の記録

2018年11月21日　第１版第１刷発行

著　　者　鈴木真治
発 行 者　玉越直人
発 行 所　WAVE出版
〒102-0074 東京都千代田区九段南3-9-12
TEL 03-3261-3713　FAX 03-3261-3823
Email: info@wave-publishers.co.jp
http://www.wave-publishers.co.jp
印刷・製本　萩原印刷株式会社

NDC368　p224　ISBN978-4-86621-180-0